인도, 영화로 읽다

인도, 영화로 읽다

발리우드와 그 너머의 영화들

강내영 지음

ACC
국립아시아문화전당
ASIA CULTURE CENTER

차례

머리말 … 9

1장 · 인도 영화란 무엇인가

1. 인도 영화의 현재 … 19
   (1) 문화적 의례로서의 인도 영화 … 19
   (2) 다양한 지역 영화로 구성된 인도 영화 … 21
2. 인도 영화의 두 축, 발리우드 영화와 예술 영화 … 23
3. 우리나라의 인도 영화 수용 … 31

2장 · 발리우드, 인도의 주류 영화

1. 발리우드 블록버스터 영화 … 37
   (1) '발리우드' 그리고 '블록버스터'란 무엇인가 … 37

(2) 발리우드 블록버스터 영화의 특징과 새로운 동향 … 40

발리우드 블록버스터 영화의 특징 … 40

발리우드의 최근 동향 … 43

(3) 발리우드 블록버스터 대표작 … 49

〈카슈미르의 소녀〉(2015) ─ 힌두교 휴머니즘과 인도판 동화 … 50

〈피케이-별에서 온 얼간이〉(2014) ─ 군림하는 종교 권력에 맞서는 휴머니즘 … 56

〈더 그레이트 서커스〉(2013) ─ 글로벌 지향형 발리우드 영화의 정수 … 62

(4) 발리우드 블록버스터의 영화 미학 ─ 마살라 전통의 변용과 글로벌 지향형 영화 … 68

카타르시스 단계를 갖춘 전형적인 상업적 서사 구조 … 68

'마살라 뮤지컬'의 현대적 계승 … 71

마살라 혼합 장르 양식의 고착화 … 74

스타를 활용한 스타 매니지먼트 전략 … 77

(5) 발리우드 블록버스터의 주제 의식과 이데올로기 ─ 국가 이데올로기와 영화 산업, 관객이 빚어내는 욕망의 3중주 … 79

힌두 정신과 탈종교 휴머니즘의 모순적 공존 … 79

인도-파키스탄 갈등 소재와 보편적 평화 정신의 부각 … 84

국가 이데올로기의 옹호와 내면화 기능의 유지 … 86

제한된 악습 비판과 사회 풍자 … 89

여권의 신장과 전통적 여성상 '파티브라타'의 존치 … 91

세계 영화 시장을 향한 글로벌 재영토화 … 94

(6) 발리우드 블록버스터의 미래 ─ 전통의 변용과 글로벌 재영토화를 향한 새로운 여정 … 98

3장 • 새로운 발리우드, '뉴 발리우드 시네마'의 부상

1. 청년 감독과 '뉴 발리우드 시대' ─ 마니시 샤르마 감독을 중심으로 … 103

(1) 발리우드 청년 감독 마니시 샤르마 … **103**

(2) 샤르마 감독의 영화 여정 … **106**

(3) 샤르마 감독의 대표작 … **109**

〈웨딩 플래너스〉(2010) … **109**

〈레이디스 vs. 리키 바흘〉(2011) … **112**

〈어 랜덤 데시 로맨스〉(2013) … **114**

〈샤룩 칸의 팬〉(2016) … **118**

(4) 영화 미학—발리우드 전통 양식의 계승과 현대화 … **122**

(5) 주제 의식—청년 세대의 정체성과 탈주의 욕망 … **129**

(6) 발리우드 제작 시스템과 작가적 욕망 사이의 2중주—탈이데올로기적 개인의 탄생 … **136**

(7) '뉴 발리우드 청년 영화'의 부상과 뉴 발리우드 시네마의 의의—탈주하는 청춘과 발리우드 관습의 재영토화 … **142**

4장 · 비욘드 발리우드, 새로운 예술 영화

1. 예술 영화의 계승과 변용—수만 고시 감독의 뱅골 영화를 중심으로 … 147

2. 수만 고시 감독의 영화 여정 … 154

3. 수만 고시 감독의 대표작 … 160

(1) 〈노벨상 메달 도둑〉(2011)—타고르의 꿈이 실종된 인도 사회를 비판하다 … **160**

(2) 〈샤말 아저씨 가로등을 끄다〉(2012)—한 사람의 의지가 사회를 변화시키다 … **164**

(3) 〈안식처〉(2015)—죽음을 앞둔 노인들을 위한 동화 … **166**

(4) 〈미 아모르〉(2016)—집단에서 벗어나려는 개인의 욕망 … **170**

4. 영화 미학—벵골 영화의 사실주의 전통과 환각적 사실주의의 절합 … 175

5. 주제 의식과 재현—인도 현실에 대한 좌파적 비판 의식과 실존적 휴머니즘의 공존 … 182

6. 고시 감독과 벵골 영화 전통—벵골 영화의 전통과 현대적 작가주의 시선의 결합 … 188

맺음말—21세기 뉴 인디언 시네마의 부상과 영화사적 의의 … 193

주 … 197

참고문헌 … 200

도판 출처 … 205

일러두기
1. 저자가 이해를 돕기 위해 작성한 설명은 본문 내 각주로, 참고와 인용 출처는 미주로 처리했다.
2. 인명과 지명, 용어, 영화 제목 등은 대체로 국립국어원 외래어표기법을 따랐으며, 정확한 규정이 없는 경우는 일반적 표기 원칙과 용례 등을 참고했다.

머리말

 이 책의 목적은 인도 영화의 오늘을 살펴보는 것이다. 인도Republic of India는 13억 인구에 한반도의 열다섯 배에 달하는 330만 제곱킬로미터의 영토를 가진 거대한 나라다. 기원전 3000년경의 인더스Indus 문명을 기원으로 지금까지 5000년이 넘는 유구한 역사를 자랑하는 나라기도 하다. 북방 지역의 아리아인이 72퍼센트, 남방 지역의 드라비다족이 25퍼센트를 차지하는 다민족 국가이며, 헌법에 명시된 공용어 숫자는 힌디어 외 22개에 달하는 다언어 국가이고, 종교 또한 80퍼센트 이상을 차지하는 힌두교를 비롯해 이슬람교, 기독교, 시크교, 불교 등이 공존하고 있는 다양하고 다채로운 문화를 가진 대륙형 국가다.
 인도는 세계적인 영화 대국이기도 하다. 해마다 2000여 편이 제작되는 세계 최대의 영화 제작국이며, 관객 수가 연평균 20억 명에 달하는 세계 6위권의 거대한 영화 시장을 갖고 있는 영화 대국이다. 이러한 인도 영화가 우리나라 관객들에게 여전히 낯선 미지의 아시아 영화로 인식되고 있는 현실은 참으로 미스터리이며 흥미로운 문화 현상이다. 부산국제영화제와 전주국제영화제 등의 국제 영화제 상영작을 중심으로 일정한 마니아층이 형성되어 있고, 해마다 적지 않은 인도 영화들이 언론을 통해 소개되고 있지만 여전히 인도 영화는 우리나라 대중들에게 낯선 변방의 영화로 수용되고 있다. 이러한 상황은 한국 상업 영화와 미국 할리우드 블록버스터가 영화 시장의 95퍼센트 이상을 점유하는 우리나라의 편중된 영화 수요가 그 직접적인 원인이라 할 수 있겠고, 인도의 향신료인 마살라masala만큼이나 독특한 영화 미학이 불러오는 낯섦 또한 한 가지 요인이라 하겠다.

이것이 이 책을 집필하게 된 직접적인 배경이 되었다. 인도 영화의 인기와 세계적 영향력은 나날이 증가하고 있는 데 비해 우리의 수용은 여전히 낮은 수준에 머물고 있다. 최근 10년을 회고하면 우리 영화학계는 영화 이론 전반에 걸쳐 놀라울 정도의 높은 성취를 이뤄왔지만, 상대적으로 인도 영화에 대한 본격적인 조사와 연구는 상당히 미진한 편이다. 아시아 영화 연구자의 한 사람으로서 이러한 현실이 늘 안타까웠다. 단순히 해외 서적의 편역에 의존하지 않고 주체적인 시선으로 인도 영화를 분석하고 연구하고 싶은 학술적 소명 의식이 늘 마음 언저리에 맴돌았다. 그것이 이 책을 쓰게 된 학술적 동기다.

또 하나의 이유는 지극히 개인사적 인연 때문이다. 1975년 인도 영화로서는 우리나라에 최초로 개봉된 〈신상神象〉(1971)이 신나는 영화 주제곡과 함께 대중적 인기를 끌었는데, 당시 코흘리개 초등학생이었던 나는 고향 진주의 어느 모퉁이 극장에서 이모의 손을 잡고 아기 코끼리가 등장하는 그 영화를 보았다. 가난이 일상이었던 그 시절, 어머니와 이모는 양철 양동이에 푸짐한 수제비를 끓이면서 가사도 불분명한 "찰찰찰 매리 사키…"로 시작되는 영화 주제곡을 흥얼거리고 웃으며 고단한 하루를 보내곤 했다. 영화를 업으로 삼고 대학원에 진학했을 즈음 인도 영화 〈춤추는 무뚜Muthu, the Dancing Maharaja〉(1995)와 〈밴디트 퀸Bandit Queen〉(1994)이 개봉되며 인도 영화와 아시아 영화에 대한 본격적인 학술적 관심이 시작되었다. 대학원을 졸업하던 해에, 인도 영화의 자락을 좇아 오랫동안 꿈꾸었던 인도 배낭여행을 떠났다. 히말라야와 갠지스강*을 따라 델리, 바라나시, 리시케시, 부다가야, 콜카타 등지를 행복하게 걸었다. 영화가 무엇이기에 가난한 시골 소년에게 우연히 다가왔던 인도 영화 한 편이 새로운 더 큰 세상으로 걸어가는 길을 열어주었을까.

결국 개인사적 동기와 학술적 소명 의식 속에 이 책을 집필하게 되었다. 감히 이 책이 거대한 인도 영화 전부를 낱낱이 보여주는 저술이라 자신할 순 없지만, 우리의 주체적 시선으로 인도 영화를 분석하고 소개한 최초의 학술 서적을 쓰고자 한 시도임을 자부한다.

이 책은 그저 선배 연구자들이 걸어간 길을 따라가는 흔적일 뿐이다. 영화 연구가 척박했던 1990년대 초반 『아시아 영화의 이해』를 통해 인도 영화에 대한 최초의 본격적인 학술적 논의를 시작한 고 김지석 부산국제영화제 수석 프로그래머의 얼굴이 떠오른다. 김지석, 이은구 선생님을 비롯한 인도 영화 선배 연구자들의 길을 이어갈 수 있어 무척 기쁘다.

---

* 갠지스강은 전체 길이 2506킬로미터로, 힌디어로 강가Ganga로 불린다. 산스크리트어 강가 गंगा로 '빠르게 가는 것'에서 유래했고, '갠지스'란 이름은 고대 그리스어 강게스Gángēs를 영어식으로 독음한 것에서 나왔다.

인도 영화는 인도 특유의 문화적 다양성과 혼종적 특징을 그대로 반영하고 있다. 인도 영화를 권역별로 구분하자면, 우리가 흔히 발리우드 Bollywood라 부르는 뭄바이 지역을 중심으로 제작되는 힌디어 공용어 영화인 '발리우드 영화' 외에 텔루구Telugu어, 타밀Tamil어 등 다양한 언어와 지역색을 갖춘 '로컬 영화'가 공존하고 있다. 영화의 특징으로 구분하자면, 발리우드로 대변되는 화려한 상업 영화가 주축을 이루고 있지만 이와 더불어 사회 현실을 다룬 사실주의 계열의 예술 영화, 그 두 개의 큰 축으로 발전해온 역사를 가지고 있다. 즉 화려한 춤과 노래가 어우러진 '마살라 향의 상업 영화'로 힌디 주류 이데올로기를 내포하고 있는 '발리우드'와 함께, 진중한 시선으로 사회 현실을 다루는 '사실주의 예술 영화'와 로컬 색채를 반영하는 '비욘드beyond 발리우드'가 공존하는 특징을 보이고 있다. 이러한 인도 영화의 전통과 특징을 '양극성의 예술'이라고 표현하고 싶다.

따라서 이 책은 인도 영화의 양극성에 주목하여 구성했다. '발리우드 힌디 영화 대 로컬 영화,' '상업 영화 대 예술 영화'라는 양극성의 예술 개념에 천착하여 크게 세 부분으로 나누어 서술했다. 첫 번째는 인도 영화의 역사와 현황, 두 번째는 발리우드 이야기, 세 번째는 비욘드 발리우드(로컬 영화) 이야기로 구성되어 있다.

1장에서는 인도 영화를 개론적으로 소개한다. 이 장에서는 인도 영화가 걸어온 길, 인도 영화의 특징, 영화 산업 발전 현황, 그리고 우리나라의 인도 영화 연구 동향을 서술한다. 이 장을 찬찬히 읽어보면 인도 영화의 기본 현황과 특징을 개론적 수준에서 이해할 수 있을 것이다.

2장과 3장에서는 발리우드 영화를 집중적으로 다루고 있다. 2장은 발리우드 블록버스터를 중심으로 발리우드 영화 미학과 주제 의식의 특징을 분석한다. 최근 발리우드를 대표하는 블록버스터 〈카슈미르의 소녀Bajrangi Bhaijaan〉(2015), 〈피케이—별에서 온 얼간이PK〉(2014), 〈더 그레이트 서커스Dhoom 3〉(2013)를 중심으로 발리우드의 독특한 영화 미학, 그리고 문화 정체성과 이데올로기적 특징을 살펴본다.

3장은 발리우드 청년 감독과 뉴 발리우드 시네마New Bollywood Cinema에 대해 서술한다. 발리우드에서 활약하고 있는 신진 청년 감독 마니시 샤르마Maneesh Sharma 감독과 그의 네 작품 〈웨딩 플래너스Band Baaja Baaraat〉(2010), 〈레이디스 vs. 리키 바흘Ladies vs. Ricky Bahl〉(2011), 〈어 랜덤 데시 로맨스Shuddh Desi Romance〉(2013), 〈샤룩 칸의 팬Fan〉(2016)을 중심으로 21세기 발리우드를 개척해나가는 뉴 발리우드 청년 감독의 새로운 도전 정신과 그 전망을 서술한다.

4장은 인도 로컬 영화와 예술 영화를 다룬다. 뱅골어 예술 영화를 제작하고 있는 수만 고시Suman Ghosh 감독과 그의 대표적인 네 작품 〈노벨상 메달 도둑Nobel Chor〉(2011), 〈샤말 아저씨 가로등을 끄다Shyamal Uncle Turns off the Lights〉(2012), 〈안식처Peace Haven〉(2015), 〈미 아모르Mi Amor〉(2016)를 분석하면서, 인도 예술 영화의 전통을 이어가는 뱅골 영화와 사실주의 예술 영화의 현재에 대해 서술한다.

맺음말에서는 21세기 인도 영화의 현재를 세계 영화사적 관점에서 진단하고 21세기 '뉴 인디언 시네마New Indian Cinema'의 부상과 새로운 도전에 대해 조망한다.

이 책이 광대한 인도 영화의 전부를 다루지는 못하지만, 인도 영화의 핵심과 현재의 흐름을 체계적으로 서술하고 있다고 자신한다. 영화 이론의 도그마에 함몰되지 않고 현실과 유기적인 영화 연구가 될 수 있도록, 작가주의와 문화 연구의 방법론을 차용하되 구체적 영화 작품에 대한 심층 분석을 동반하여 실증적이면서도 살아 숨 쉬는 콘텍스트 연구로 집필하고자 노력했다.

더불어 이 책은 지난 2년간 학술지에 발표한 「'전통의 변용transformation과 글로벌 재영토화reterritorialization'—최근 인도 발리우드 블록버스터 영화의 새로운 특징 분석」(『외국문학연구』 65호, 2017), 「'인도 벵골영화의 사실주의 전통과 작가주의적 변용': 수만 고쉬 감독론」(『아시아영화연구』 10권, 2017), 2018년에 발표한 「인도 발리우드 청년감독 마니쉬 샤르마 연구」(『씨네포럼』 31호, 2019)의 연구 성과를 수정 보완한 글임을 밝힌다.

이 책을 접하는 독자들께 드릴 당부가 있다. 글의 내용에 머물지 말고 꼭 소개된 영화 작품을 직접 감상하길 권한다. 텍스트text 비평은 텍스트를 전제로 한다. 영화 연구는 문자의 영역이지만, 영화 예술은 이미지와 사운드의 예술이다. 한 편의 작품이라도 그 속에 재현representation된 거대한 인도의 세계는 감히 책 한 권으로 표현할 수 없는 무한한 감성을 가진 바다와 같다. 이 책에서 구체적으로 분석하고 있는 10여 편의 영화들은 최근 인도 영화의 흐름을 대표하는 작품들이다. 글의 내용과 함께 소개된 영화들을 꼭 감상하면서 광활하고 깊은 인도 영화의 매력에 흠뻑 빠져보길 바란다.

아마 인도 영화를 한 편이라도 이미 본 사람이라면 많은 생각거리를 가지고 있을 것이다. 화려한 춤과 노래가 어우러진 발리우드의 로맨틱한 판타지는 즐거움 그 자체이지만, 일상화된 가난과 불합리한 신분 차별 속에 신음하는 여성과 민중의 고단한 사회 현실을 다룬 예술 영화를 접할 때는 더없이 불편하고 혼란스럽기도 할 것이다. 인도 영화는 관객들에게 쾌락과 위안을 주면서 당면한 사회 문제를 은폐하기도 하고, 힌두교와 전통 관습을 수호하면서 글로벌 시대의 인류 보편적 가치관과 충돌하는 이중적 속성을 가지고 있다. 어느 것이 인도 영화의 진면목인지 고민하며 길을 찾아가는 것도 이 책을 정독하는 좋은 방법이 될 것이다. 이 책에서 소개한 인도 영화를 직접 감상하고 글을 따라가다 보면 어느새 '양극성의 예술'을 가진 인도 영화의 매력에 빠져 있을 것이다. 부족하나마 이 책이 우리나라 영화 관객들이 인도 영화의 진면목을 다시 발견하는 조그만 계기가 되었으면 한다.

끝으로 부족한 이 책이 나오기까지 많은 분들의 도움을 받았다. 2018년 인도 발리우드를 방문했을 때 직접 야시라지 영화사를 안내하고 인터뷰에 응해준 마니시 샤르마 감독님, 인도와 미국을 오가는 바쁜 영화 촬영 중에 수차례에 걸친 이메일 인터뷰에 성실히 답신해준 수만 고시 감독님의 우의에 대해 이 자리를 빌려 감사의 뜻을 전한다.

특히 인문예술학의 연구와 출판이 어려운 상황 속에서도 이 글이 세상의 빛을 보게 도와준 광주의 아시아문화원 연구기획팀에 진심으로 감사의 뜻을 전한다. 아울러 거친 문장을 아름다운 우리말로 일일이 다듬어준 편집자께도 감사의 말씀을 드린다.

이 책은 연구년을 맞아 방문학자로 머문 미국 아이다호주 보이시주

립대학교에서 썼다. 초청해주시고 연구실을 마련해주신 보이시주립대학 커뮤니케이션학부의 조대환 교수님, 강현미 교수님께 감사드린다. 끝으로 영화의 길을 갈 수 있게 항상 격려해주고 지금도 함께 삶을 나누고 있는 아내 소영과 린, 윤에게 감사하고 사랑한다는 말을 전한다. 영화의 길은 영원할 것이고, 그 길을 지금도 걸어갈 수 있어 무척이나 행복하다.

2020년 12월
황령산 자락에서
강내영

1장   인도 영화란 무엇인가

1. 인도 영화의 현재

(1) 문화적 의례로서의 인도 영화

한국에서 인도 영화는 여전히 낯선 미지의 영화다. 인도 문화가 구도자나 배낭여행객의 열광 속에 여러 차례 한국에 소개되고 있지만, 먼 지리적 거리만큼이나 인종, 언어, 식생활, 종교적 색채 등의 차이로 인해 공감보다는 차이가 먼저 다가오는 것이 현실이다. 영화는 특별한 언어적 학습이 없어도 누구나 쉽게 이해할 수 있는 이미지와 사운드로 구성된 보편적 예술이다. 영화는 철학자들이 즐길 만한 고도의 형이상학적인 예술과 철학적 면모도 들어 있지만, 대체로 대중도 쉽게 이해하고 즐거움을 만끽할 수 있는 쾌락의 묘미를 갖춘 대중적 예술이다. 인도의 거리를 걷다 보면 즐비한 영화관에서 매일같이 영화에 환호하고 노래를 따라 부르는 열광적인 인도인들을 쉽게 볼 수 있다. 하루의 고단한 노동을 마친 구릿빛 대중이 금빛으로 도배한 영화관으로 달려가 값싼 티켓에 의지하여 현실의 시름을 달래는 모습에서 인도에서 영화가 사회적으로 어떠한 의미를 지닌 존재인지를 실감할 수 있다. 요컨대 인도에서 영화란 값싼 비용으로 누구라도 쉽게 화려한 문화 공간 속에서 즐거움을 만끽할 수 있는 서민의 놀이터이자 공동체의 문화 정체성을 형성하는 사회적 의례ritual 기능을 수행하는 것이다.

인도는 세계 최대의 영화 제작국이자 영화 대국이다. 13억 인구와 1인당 GDP 1700달러를 기반으로, 인도 영화는 2011년 1255편, 2014년 2068편, 2016년 1903편, 2017년 1986편, 2018년 1776편, 2019년 1883편이 제작되는 등 1971년 제작 편수가 1000편 이상을 넘어선 이후 지금까지 연평균 1700편에서 2000여 편을 제작하는 세계 최대 영화 제작국이다. 또한 영화 산업 규모로는 박스오피스 기준으로 2015년 이후 15억 달러 전후를 기록하며 현재 세계 영화 시장 6위권에 있는 영화 대국이기도 하다.[1]

2017년 통계에 의하면 인도의 영화 제작 편수는 1986편, 관객 수는 19억 7424만 명, 극장 수는 6270개에 스크린 수는 9530개, 평균 영화 관람료는 0.78달러, 극장 매출액은 14억 7870만 달러에 달한다. 주로 단관 영화관을 중심으로 상영되고 있지만, 대도시 지역에서는 세 개 이상의 스크린을 보유한 멀티플렉스 영화관(시네맥스CineMAX, 이녹스INOX, 빅시네마BIG Cinema 등)이 전국적인 체인망을 확보하고 있으며 현재 중소 도시로 넓게 확산되고 있는 추세다.

인도통계국National Sample Survey Organization에 의하면, 2019년 1인당 GDP는 약 1700달러로 도시 인구 90퍼센트의 일일 소비가 142.7루피(1~2달러), 지방 인구 90퍼센트의 일일 소비가 68.5루피인데, 인도의 멀티플렉스 극장의 영화 티켓 평균 가격은 150루피 수준으로 일일 평균 소비 가격이 영화 입장료와 비슷하기 때문에 다른 나라에 비해 영화 관람이 용이한 문화 소비 구조를 가지고 있다. 또한 1인당 연평균 관람 횟수가 1.5회에 달하는 것에서 알 수 있듯이 인도에서 영화는 대부분의 국민이 일상적인 여가 생활로 즐기는 국민 문화적 성격을 갖고 있다. 특히 국내 영화 시장 점유율을 보면 최근 5년간 해마다 약 85~90퍼센트를 인도 영화가 차지할 정도로 인도 국민의 자국 영화에 대한 선호도가 대단히 높은 편이다.[2] 이를 통해 인도는 세계 최대의 영화 제작국이자 압도적인 비중으로 자국 영화를 선호하는 독특한 영화 문화를 가진 '영화의 나라'라는 것을 알 수 있다.

(2) 다양한 지역 영화로 구성된 인도 영화

인도 영화는 뭄바이 지역에서 제작되는 발리우드Bollywood 영화 외에, 다양한 로컬 영화가 공존하는 독특한 특징을 가지고 있다. 인도를 언어적으로 구분하면 약 3300개 이상의 지역 언어가 있고, 그중 10만 명 이상이 사용하는 언어는 200여 개이며, 공용어만 해도 22개에 달하는 다언어 국가다. 공용어 힌디어를 사용하는 인구는 전체의 40퍼센트 정도이며 나머지는 다양한 지역 언어를 사용하고 있다. 인종적으로는 인도-아리아인 72퍼센트, 드라비다족 25퍼센트, 몽골족 및 기타 3퍼센트의 분포를 보이고 있으며, 종교적으로는 힌두교 80.5퍼센트, 이슬람교

13.4퍼센트, 기독교 2.3퍼센트를 차지하는 등 다양한 언어, 인종, 종교를 가진 다민족·다언어·다문화의 연방 국가다.[3]

　인도 특유의 문화적 다양성은 영화에 그대로 반영되어 있다. 언어별 영화 제작 현황을 살펴보면 2011년 총 제작 수 1255편 중에 1위는 힌디Hindi어(발리우드 영화) 206편, 2위는 텔루구Telugu어 192편, 3위는 타밀Tamil어 185편, 4위는 칸나다Kannada어 138편, 5위는 벵골Bengal어 122편, 6위는 마라티Mahratti어 107편, 7위는 말라얄람Malayalam어 95편 등으로 구성되어 있다. 2017년 총 제작 수 1986편을 보면 43개의 지역 영화 중에 1위는 힌디어 364편, 2위는 타밀어 304편, 3위는 텔루구어 294편, 4위는 칸나다어 220편, 5위 벵골어 163편, 6위 말라얄람어 156편, 7위 마라티어 117편 등을 차지하고 있다. 이러한 언어별, 지역별 영화 제작 통계를 보면 우리가 흔히 인도 영화와 동의어로 인식하고 있는 발리우드 영화는 전체 제작 수의 20퍼센트에 미치지 못하고 있으며 오히려 텔루구어, 타밀어, 칸나다어, 벵갈어 등의 로컬 영화가 전체의 80퍼센트에 육박하는 것을 확인할 수 있다.[4] 따라서 힌디어 영화 외의 로컬 영화는 보통 각 지역 언어별 더빙 버전을 만들어 제작하기도 한다. 2017년 인도 최고 흥행을 기록한 〈바후발리 2—더 컨클루전Baahubali 2: The Conclusion〉은 타밀 지방에서 제작한 영화로, 타밀어 외에 텔루구어, 말라얄람어, 힌디어 등 각각의 더빙 버전으로 제작되어 전국 극장에 상영되었다.

　이를 통해 인도 영화는 우리가 통념적으로 인도 영화라고 인식해온 발리우드 영화 외에도, 실제로는 다양한 로컬 영화가 다수를 차지하고 있다는 사실을 알 수 있다.

2. 인도 영화의 두 축, 발리우드 영화와 예술 영화

인도에서 영화가 처음 상영된 때는 1896년이다. 프랑스의 뤼미에르Lumière 형제가 세계 최초로 시네마토그래프로 찍은 영화를 상영한 1895년 그 이듬해였다. 1896년 7월 7일 뭄바이의 왓슨 호텔에서 뤼미에르 형제의 단편 영화가 상영되었다. 당시 인도는 영국의 식민지로 뭄바이, 첸나이, 콜카타 등 경제 근거지였던 대도시를 중심으로 영화가 유입되기 시작했으며, 초창기 때 순회 천막 극장에서 방영되던 영화는 1910년 이후부터 극장에서 본격적으로 상영되었다.

인도 최초의 영화는 1913년에 상영된 팔케Dadasaheb Phalke 감독의 극영화 〈하리시찬드라 왕Raja Harishchandra〉이다. 이 영화는 스와데시 swadeshi 운동의 영향 속에 제작되었다. 스와데시는 힌디어로 '모국'이라는 뜻으로, 이 운동은 1906년 영국의 식민 지배에 반대한 인도 민족해방 운동이다. 1885년에 창립된 인도국민회의Indian National Congress를 중심으로 민족주의 운동이 전개되었고, 스와데시 운동은 1905년 인도 총독 커즌George Nathaniel Curzon(1859~1925)이 벵골 지역을 분할하

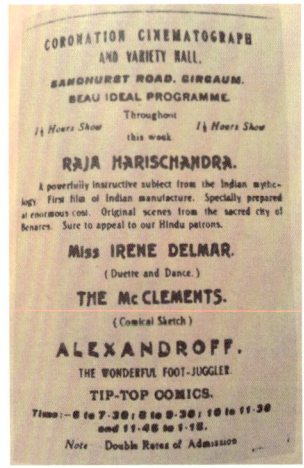

인도 최초의 영화 〈하리시찬드라 왕〉(1913).

자, 독립 운동가 틸라크Bāl Gangādhar Tilak(1856~1920)의 지도 아래 영국 제품 불매 운동을 벌이면서 시작되었다. 최초의 인도 영화 〈하리시찬드라 왕〉을 연출한 팔케 감독은 "내 영화가 스와데시라는 것은 자본, 줄거리, 소유, 피고용자가 스와데시(인도의 것)라는 의미다. 인도의 후손인 우리가 인도의 이미지를 영화에 담지 못할 이유가 없다"고 말한다.[5] 인도 영화의 시작은 식민 지배를 벗어나려는 독립 운동과 인도인으로서의 민족주의적 자각 속에 태동했다고 평가할 수 있다. 1920년대 초 이미 20년간 비폭력 운동을 해온 인도의 지도자 간디Mohandas Karamchand Gandhi(1869~1948)는 인도국가의회당Indian National Congress Party을 중심으로 영국 식민 정치에 대항하는 대중 운동을 본격적으로 펼치고, 인도 영화는 이러한 민족주의와 대중 운동의 흐름 속에서 성장한다.

1931년에는 인도 최초의 유성 영화 〈세상의 아름다움Alam Ara〉이 상영되었고, 1930년대에 접어들면서 영국과 프랑스 등 유럽에서 인도 영화를 '제3세계의 도약'이라는 특별전을 통해 소개하면서, 인도인이 인도에서 제작한 영화를 '인도 영화India Cinema'라 공식적으로 부르기 시작했다. 영국 식민 지배 속에서 인도 영화인들은 영화의 기술, 촬영 등을 영국에 의존하면서도 영국의 영화 검열과 싸우며 영화 제작을 지속했다. 인도 영화인들은 영국 정부의 검열과 억압을 피하기 위해 비현실적인 판타지나 신화를 소재로 하는 영화를 만드는 경향이 생겼다. "힌두교'에서 중요한 의례는 주술성을 바탕으로 하는 춤과 음악에 있고, 이것이 국가의 힘이 되어야 한다는 인도 영화 제작자들의 주장에 따라, 인도인들은 영국의 눈을 피해 무용과 음악, 두 가지 예술을 영화 내에서 크게 확대하기 시작했다."[6] 이에 '힌두'라는 민족정신에 입각하여 인도 고대 대서사시 『마하바라타Mahābhārata』와 『라마야나Rāmāyana』의 내러티브나 고대 조로아스터교의 종교 의식이 담긴 전통 민속극(파르시parsi 연극)의 춤, 노래 등을 결합한 독특한 양식의 영화를 만들기 시작했다. 『마하바라타』와 『라마야나』는 기원전 2세기 인도 북부 지방의 여러 소국가들의 이야기가 400~500년에 걸쳐 조금씩 변형하고 발전하면서 만들어진 힌두 전통문화를 대표하는 대서사시다. 『마하바라타』는 '바라타족의 위대한 전쟁'이라는 뜻으로, 판다바 다섯 형제들이 사촌 형제들과 전쟁을 하고 왕국을 지키는 모험담을 그리고 있다. 『라마야나』는 영웅 라마의 일대기를 다룬 대서사시로, 라마가 라바나라는 악마에 의해 납치된 부인 시타를 찾기 위해 숲속 모험을 떠나고 기나긴 전투를 거치며 마침내 아내를 되찾는 내용이다.[7] 이것이 오늘날 인도 영화의 원형이 되었다. 특히 영화 제작 중심지였던 뭄바이 지역의 힌디어 영화, 즉 발리우드 영화는 이러한 고대 대서사시의 내러티브를 차용하고 춤과 노래가 있는 전통 민속극을 계승한 뮤지컬 장면을 영화에 수용하며 독특한 영화 장르로 발전했다. 흔히 말하는 "인도 영화에서 필요한 것은 한 명의 스타와 세 가지 춤, 그리고 여섯 곡의 노래"라는 양식이 구축되었다.[8]

1947년 8월 15일 인도는 영국 연방에서 독립했다. 네루Pandit Jawaharlal Nehru(1889~1964)가 초대 총리가 되었으며, 1950년 1월 26일 새로운 헌법을 공포한 후에 영국 연방 안에서 공화국이 되었다. 독립 이후 인도 영화는 영국 식민 시기를 거치며 형성된 인도 전통문화와 민족주의 양식을 영화 속에 담아왔다. 특히 근대 인도 영화의 중심지였던 뭄바이 지역의 발리우드 영화는 기승전결이 확실한 서사 구조, 서민을 대변하는 영웅이 악당을 물리치는 해피엔드, 극의 흐름과 상관없이 노래와 춤이 나오는 뮤지컬 양식, 코미디와 로맨스와 액션 장르의 적절한 혼합을 통해 오랫동안 관객의 사랑을 받으며 주류 영화로 성장해왔다. 이처럼 노래, 춤, 액션 등이 어우러진 발리우드 영화를 자극적이면서도 조화를 중시하는 인도의 전통 향신료에 비유하여 '마살라' 영화라고 부르기도 한다.[9]

한편 인도 영화의 주류로 형성된 발리우드 상업 영화의 전통 속에도 인도의 문화적 정체성과 사회 현실을 영화 속에 재현하려는 새로운 영화 운동이 시작되었다. 이러한 영화 운동은 인도의 변방 벵골 지역에서 시작되었다. 1950년대부터 벵골 지역에서 사티야지트 레이Satyajit Ray, 므리날 센Mrinal Sen, 리트윅 가탁Ritwik Ghatak 감독 등이 등장하여 상업 영화의 관습에 저항하며 독립 영화와 리얼리즘을 기반으로 하는 '뉴 시네마New Cinema' 운동을 전개했다. 벵골 영화의 대부 격인 사티야지트 레이와 리트윅 가탁 감독은 공산당이 후원하는 "인민 극장은 인민을 주역으로 한다"는 슬로건을 가진 인도민중연극협회IPTA(Indian People's Theatre Association)에서 활동한 바 있다. 특히 레이 감독이 1956년 만든 〈길의 노래Pather Panchali〉는 베네치아국제영화제에서 그랑프리를 수상했고, 그의 '벵골 3부작'은 인도 예술 영화에 새로운 이정표를 제시했다는 평가를 받았다.

'뉴 시네마'의 길을 연 레이 감독의 부상은 당시 인도의 정치적 후원과 밀접한 관련이 있다. 1956년 레이 감독이 〈길의 노래〉를 제작할 때만 해도 그의 아내가 보석을 전당포에 잡혀야 할 정도로 어려운 상황에서 출발했지만, 〈길의 노래〉의 영문 제목(Song of the Road)을 보고 착각한 벵골주 정부가 도로 건설에 쓸 예산을 영화 제작비로 지원하여 겨우 완성했다는 유명한 일화가 있다. 네루의 정치를 지지하던 레이 감독은 정부 영화 기관인 필름 디비전Film Division과 그 후신인 영화재정조합FFC(Film Finance Corporation)의 강력한 후원 속에 영화 제작을 이어갔다. 특히 영화재정조합은 네루의 딸이자 정치적 계승자인 인디라 간디Indira Gandhi 총리가 정보방송부 장관으로 있을 때 설립했고, 사티야지트 레이 감독의 벵골 3부작은 이곳에서 지원을 받았다. 레이 감독의 사실주의 영화는 서구의 모더니즘에 대항하는 인도의 민족주의 미학이라는 제

인도 사실주의 영화의 대부 사티야지트 레이 감독의 데뷔작 〈길의 노래〉(1956).

3세계 문화정치학적 시각에서 각광을 받았다. 레이 감독은 인도 서벵골 지역의 '평행 시네마Parallel Cinema'의 전통을 계승하고 현대적으로 확장했다. '평행 시네마'는 사실주의, 자연주의를 기반으로 사회 비판적인 영화를 제작해온 경향을 말하는데, 1940년대 중반 이후 이탈리아 네오리얼리즘neorealism의 영향 속에 1950년대 인도 서벵골 지역의 반상업화 영화 운동과 결합하면서 레이 감독이 주창한 '뉴 시네마'에 깊은 영향을 주었다. 레이 감독의 '뉴 시네마'는 인도의 정치 사회 상황을 소재로 하는 '평행 시네마'의 전통을 확장하면서 인도 예술 영화로 발전했다고 할 수 있다.[10] 그 결과 발리우드 힌디 주류 영화와 사티야지트 레이의 예술 영화라는 두 개의 축으로 대별할 수 있는 현대 인도 영화의 새로운 전통이 형성되었다.

1960년대 후반과 1970년대에는 정부가 영화재정조합을 통해 상업 영화 대신에 '평행 시네마'로 알려진 저예산 예술 영화를 전폭적으로 지원했다. 리트윅 가탁 감독의 〈토론, 추론, 이야기Jukti Takko Aar Gappo〉(1974), 로베르 브레송Robert Bresson의 조감독 출신인 쿠마르 샤하니Kumar Shahani 감독의 〈마야 다르판Maya Darpan〉(1972) 등이 만들어졌으나, 정부의 예산 지원에 의존하고 자체 배급과 상영 네트워크 구축에 실패하면서 평행 시네마 운동은 소멸한다. 1980년대 이후에는 정부가 영화재정조합을 국립영화발전조합 NFDC(National Film Development Corporation)으로 재편하여 영화 지원 정책을 다시 시행했고, 연간 제작 수 800여 편을 넘어서는 성과를 보인다.[11]

이러한 독특한 인도 영화의 전통에 대해 영화학자 제프리 노웰 스미스Geoffrey Nowell-Smith는 "1960년대 이래 인도 영화는 크게 '힌디 영화'와 '사티야지트 레이 영화' 두 종류로 분류되어왔다. 전자는 국가의 가장 귀중한 재산은 주류 문화라는 것을 내세우며, 12개 이상의 언어로 만들어지는 노래-춤-액션의 판에 박힌 영화를 말한다. 후자는 문화의 뿌리를 각자의 배경에 두고 있다는 점에서 칭송받고 있는 여러 부류의 감독이 포함된 일반적인 범주의 영화를 의미한다"고 말하며, 인도 영화를 크게 노래-춤-액션이 어울린 '발리우드 마살라 영화'와 사실주의 계열의 예술 영화인 '평행 시네마'로 구분한다. 영화학자 데이비드 보드웰David

Bordwell 또한 인도 영화를 힌디어 주류 영화와 이러한 관습에 대항하는 벵골어 영화를 중심으로 하는 대안적 영화로 구분한다. 보드웰에 의하면, 인도 영화는 벵골 영화를 만들어온 구루 두트Guru Dutu, 리트윅 가탁, 사티야지트 레이 등 세 명의 벵골어 영화감독들에 의해 평행 시네마라는 새로운 흐름이 시작되었으며, 이른바 마살라 영화라 부르는 발리우드 힌디어 상업 영화와는 다른 인도 영화의 새로운 흐름을 만들었다고 평가한다. 이처럼 인도 영화는 발리우드 힌디 주류 영화로 대표되는 상업 영화와 사티야지트 레이 이후의 예술 영화라는 두 개의 축을 전통으로 지금까지 발전하고 있다. 이러한 역사적 기원에 근거하여 인도 영화는 크게 노래-춤-액션이 어울린 '발리우드 마살라 영화'와 사실주의 계열의 예술 영화인 '평행 시네마'라는 두 개의 큰 축으로 발전해왔다는 것을 알 수 있다.

3. 우리나라의 인도 영화 수용

해마다 세계 최대의 영화가 제작되는 인도 영화는 작품과 화제성에서 국제적 주목을 받아왔지만, 우리나라의 인도 영화에 대한 수용과 연구는 아직 미진한 편이다. 우리나라에서 최초로 상영된 인도 영화는 1975년 개봉된 〈신상〉이다. 이 영화는 1971년 제작되었으며 원제는 '코끼리는 내 친구'라는 뜻의 Hathi Mere Sathi로 우리나라에서는 '신상,' '코끼리는 내 친구' 등으로 번역되었다. 당시의 기록을 살펴보면 상당히 큰 화제를 몰고 온 외국 영화로 평가받고 있다. 『매일경제』 1975년 2월 3일자에는 "우리나라 최초로 인도 영화 〈신상〉을 손질, 오는 구정부터 중앙극장에서 개봉하게 되는데 동원 인원이 얼마나 될까 하는 것이 요즘 영화계의 화두, 이 영화는 인도에서 최장 24개월 상영되었고, 〈벤허〉, 〈대부〉 등의 국내 동원 기록을 모두 상회한 바 있다"는 소개 기사가 나온다. 〈신상〉에 대한 공식적인 집계는 없으나, 서울에서 40만 명, 부산 동명극장에서 17만 명의 흥행을 기록한 것으로 알려져 있다.[12] 그 후 인도 영화는 1990년대 중반 카스트 제도와 여성 차별 속에서 마적 두목이 된 여성 풀란 데비Phoolan Devi의 실화를 다룬 〈밴디트 퀸〉 등이 개봉되어 주목받은 바 있으며, 2000년에는 발리우드 힌디어가 아닌 남인도 타밀어 영화인 〈춤추는 무뚜〉가 일본에서 좋은 반향을 얻으면서 한국에서도 수입, 개봉되었다. 2000년 제5회 부산국제영화제 개막작으로 인도 영화 부다뎁 다스굽타Buddhadeb Dasgupta 감독의 〈레슬러Uttara〉(2000)가 상영되었으며, 최근 인도 대중 영화를 대표하는 라지쿠마르 히라니Rajkumar Hirani 감독의 〈세 얼간이3 Idiots〉(2009)와 〈피케이—별에서 온 얼간이〉(2014)가 각각 2011년과 2016년에 한국에서 개봉되었으며, 2018년에는 인도 영화사상 최대의 흥행을 기록한 니테시 티와리Nitesh Tiwari 감독의 〈당갈Dangal〉(2016)이 국내에 상영되었다. 현재 우리나라에서는 〈세 얼간이〉, 〈당갈〉과 같이 인도 현지에서 크게 흥행한 영화 몇 편만이 간간이 개봉되고 있으며, 여전히 인도 영화는 국내의 국제 영화제를 중심으로 소수의 마니아층에서 선호하는 해외 영화로 수용되고 있는 것이 현실이다.

국내의 인도 영화 연구 또한 아직은 소수 연구자들이 주도하는 시론적 단계에 머물고 있다. 먼저 단행본으로는 1993년 김지석과 주윤탁이 주도한 『아시아 영화의 이해』를 필두로, 2003년 이은구의 『인도, 끝없는 영화 사랑의 땅』, 2013년 전주국제영화제가 펴낸 『발리우드 너머의 영화들』 등이 출간된 바 있으며, 한국영화진흥위원회에서 출간한 「통신원 리포트: 한국 영화 현지 진출 전략 보고—인도양을 건널 것인가, 실크로드를 건널 것인가」(2014), 「정책 연구: 2015년 상반기 인도영화 결산」(2015) 등 영화 산업과 관련한 보고서가 있다. 번역 출간된 단행본으로는 존 힐의 『세계영화연구』, 제프리 노웰 스미스의 『옥스퍼드 세계 영화사』, 데이비드 보드웰과 크리스틴 톰슨이 공저한 『영화사』 등에 부분적으로 인도 영화가 수록되어 있다.

국내에 발표된 인도 영화와 관련된 학술 논문은 크게 인도 영화를 통해 인도의 정치·사회·문화를 분석하려는 지역학 연구와 인도 영화 그 자체에 대한 영화 연구로 구분할 수 있다. 전자로는 인도 영화를 통해 여성, 전쟁, 종교 등 인도의 사회 문화를 꾸준히 연구해온 이은구의 인도계 캐나다 여성 영화감독에 대한 연구인 「메흐따 감독의 영화 〈물Water〉에서의 여성문제」(2014), 「메흐따 감독의 영화 〈불Fire〉에서의 여성문제」(2013)를 비롯하여, 「인도영화에 나타난 무슬림의 이미지 변화」(2011), 「인도의 전쟁영화 연구」(2012) 등이 있으며, 김우조의 「TV 드라마 '라마야나'와 인도정치 그리고 여성: 인도근본주의의 부상을 중심으로」(2003), 구하원·이춘호의 「새로운 전통의 구축: 발리우드 영화 〈모합바뎅〉과 〈세 얼간이〉의 시각문화를 중심으로」(2012) 등이 있다.

인도 영화에 대한 직접적인 연구로는 1995년 영화 기자 안정숙의 「영화 1백년과 오늘의 영화현실─〈밴디트 퀸〉을 보고 나서」를 필두로, 발리우드 최근 동향을 분석한 강내영의 논문 「'전통의 변용과 글로벌 재영토화': 최근 인도 발리우드 블록버스터 영화의 새로운 특징 분석」(2017), 영화감독 출신으로 〈세 얼간이〉의 연출 기법을 분석한 이정국의 「발리우드영화의 전형으로서 〈세 얼간이〉 연출 분석」(2012), 로트만의 기호학 개념을 사용한 김정희의 「문화-반문화 모델로 본 인도영화 〈세 얼간이〉의 스토리텔링」(2015) 등의 연구 성과가 있지만, 총괄적으로 살펴보면 인도 영화 자체에 대한 본격적인 연구는 상당히 미미한 편이다.

이에 비해 해외에서의 인도 영화 연구는 비교적 풍부한 편이다. 영어 단행본으로는 발리우드를 연구한 샤쿤탈라 바나지Shakuntala Banaji의 *Reading Bollywood*(2006), 발리우드 청년 감독들을 연구하고 있는 델리대학 쿠마르Nirmal Kumar 교수와 프리티 차투르베디Preeti Chaturvedi의 공저인 *Brave New Bollywood*(2015) 벵골 영화를 연구한 아누기안 나그Anugyan Nag의 *The Contemporary Bengali Film Industry*(2012), 영화학자 샤르미스타 굽투Sharmistha Gooptu의 *Bengali Cinema: 'An Other Nation'*(2015) 등 다양한 연구가 진행되고 있다.

현재 우리나라의 인도 영화 수용 및 연구를 총괄적으로 평가하자면, 인도 영화는 부산국제영화제와 전주국제영화제의 프로그램을 중심으로 소개되고 있는 정도이며, 연구는 해외 학자들에 비해 상당히 미진한 편으로 우리 영화학계의 남겨진 연구 영역이라 할 수 있다.

이 글은 국내의 기존 선행 연구 성과를 계승하고, 해외 연구 성과를 과감히 수용하면서도 아직 발굴되지 않은 '발리우드 힌디 영화'와 '예술 영화'를 최근 감독과 작품을 중심으로 새롭게 심층 분석했다. 광대한 인도 전 지역의 영화를 서술하지는 않았지만, 인도 영화사를 형성해온 두 개의 큰 축인 '발리우드 영화'와 '독립 영화'를 본격적으로 심층 분석하면서 새로운 미지의 연구 영역을 개척했다는 점에서 기존 연구 성과에서 진일보한 학술적 의의가 있다고 할 수 있다.

2장 발리우드,
       인도의 주류 영화

1. 발리우드 블록버스터 영화

(1) '발리우드' 그리고 '블록버스터'란 무엇인가

이 장에서는 인도 영화를 대표하는 발리우드 공용어(힌디어) 영화 중에서 대중들이 가장 사랑하는 발리우드 블록버스터를 통해 인도 영화의 사회문화적 의미를 살펴보려 한다. 이를 위해 최근 발리우드 블록버스터 영화의 미학과 주제 의식에 나타나는 새로운 특징과 변화상을 사회 맥락context적으로 살펴보고자 한다.

이 장의 주제인 발리우드는 인도 영화 전체를 지칭하는 용어가 아니라 뭄바이 지역을 중심으로 제작되는 공용어(힌디어) 영화다. 발리우드Bollywood란 봄베이Bombay(1995년 뭄바이Mumbai로 개칭)와 할리우드Hollywood의 합성어로, 발리우드 영화는 주로 뭄바이 지역을 중심으로 인도 공용어인 힌디어 영화로 제작되는 영화를 지칭한다. 발리우드 영화는 전통적으로 감상적이면서도 과장된 남녀 간의 멜로드라마를 기반으로 화려한 춤과 노래가 어우러진 뮤지컬적 요소, 세 시간에 달하는 긴 상영 시간 등 독특한 요소를 가지고 있으며, 인도 향신료에 비유하여 '마살라 영화'라 부르기도 한다.

한편 블록버스터blockbuster 영화란 주로 대작 상업 영화를 지칭한다. 블록버스터는 2차 대전에 쓰인 폭탄 이름으로, 당시 영국 공군이 사용한 4~5톤짜리 폭탄이 골목 한 구역block을 송두리째 날려버릴bust 위력이 있었던 점에서 비롯했다. 일반적으로 블록버스터 영화란 미국 할리우드를 중심으로 대략 1억 달러 이상의 대규모 제작비를 투입하여 거액의 수입을 지향하는 하이 콘셉트high concept 방식의 대작 영화를 지칭한다. 할리우드에서 본격적인 블록버스터 영화의 흥행을 보여준 출발점으로 스티븐 스필버그Steven Spielberg 감독의 〈조스Jaws〉(1975)를 꼽는다. 이 작품은 미국 영화사상 최초로 흥행 수입 1억 달러를 돌파했고, 이 영화를 시작으로 1977년 조지 루카스George Lucas의 〈스타 워즈Star Wars〉(1977)가 1억 8000만 달러라는 기록적인 흥행 수입을 올리며 본격적인 할리우드 블록버스터 시대를 열었다.[13] 미국의 블록버스터 영화는 1950년대 중반 이후 텔레비전의 대중적 보급에 따른 영화계의 불황을 극복하기 위해 대규모 자본을 투입하여 짧은 시간 내에 자본 회수와 대규모 수익을 지향하는 새로운 제작 시스템 도입으로 시작되었다. 블록버스터 영화는 대규모 자본을 투입하여 대규모 수익으로 회수하려는 산업 시스템으로, 이를 위해 스타 배우의 기용, 특수 효과를 동반한 SF 영화나 대형 역사극 같은 스펙터클한 볼거리, 속편 제작 등의 특징을 갖게 되었다. 저스틴 와이어트Justin Wyatt는 이러한 할리우드의 마케팅을 하이 콘셉트high concept, 즉 "보여주고, 끌어들이고, 표를 사게 하기the look, the hook, and the book"라는 개념으로 설명한다.[14]

블록버스터 영화는 하이 콘셉트 산업을 지향하기 때문에 당대 최고의 연출, 시나리오, 기술 등이 총동원된 작품이며, 박스오피스의 극대화를 위해 관객의 취향과 욕망을 가장 충실하게 반영하려는 상업 영화의 성격을 가진다. 따라서 블록버스터 영화 연구는 특정 국가의 영화 산업 연구에 유용할 뿐 아니라 연출, 기술, 연기 등 영화의 발전 수준을 가늠할 수 있다는 점에서 영화 연구의 중요한 소재다. 또한 당대 사회의 지배적인 가치관과 대중들의 욕망과 취향을 읽을 수 있는 상징성을 가진다는 점에서 사회 맥락적 문화 연구cultural studies에 적합한 문화 텍스트이기도 하다.

따라서 발리우드 블록버스터 영화에 대한 연구는 인도의 영화 산업, 영화 미학의 특징과 동향, 그리고 주제 의식을 통해 당대 대중의 욕망을 독해하고 사회 맥락적 의미를 진단할 수 있다는 점에서 인도 영화 연구에 핵심적인 연구 대상이라 할 수 있다. 특히 인도 영화 중심지에서 공용어인 힌디어를 사용해 만들어진 가장 인도적인 영화이며, 인도 대중들이 가장 사랑해온 영화라는 점에서 가장 대표적인 인도 영화라 할 수 있다. 실제로 발리우드 블록버스터 영화는 언제나 인도 영화계의 흥행과 발전을 주도해왔다. 2000년대 이후 인도 영화의 흥행을 주도해온 카란 조하르Karan Johar 감독의 〈카비 쿠시 카비 감Kabhi Khushi Kabhie Gham…〉(2001), 마니 라트남Mani Ratnam 감독의 〈나는 테러리스트를 사랑했다Dil Se〉(1998), 〈엄마 뺨에 뽀뽀Kannathil Muthamittal〉(2002), 산제이 릴라 반살리Sanjay Leela Bhansali의 〈데브다스Devdas〉(2002), 아슈토시 고와리커Ashutosh Gowariker 감독의 〈라가안Lagaan: Once Upon a Time in India〉(2001) 등은 발리우드가 제작한 당대 최고의 흥행작이자 블록버스터급 영화였다. 최근 인도 영화 박스오피스 최고 흥행을 기록한 샤룩 칸Shahrukh Khan 주연의 〈첸나이 익스프레스Chennai Express〉(2013), 아미르 칸Aamir Hussain Khan 주연의 〈더 그레이트 서커스〉(2013), 리틱 로샨Hrithik Roshan 주연의 〈슈퍼 히어로 크리시 3Krrish 3〉(2013), 2014년 최고 흥행작인 아미르 칸 주연의 〈피케이―별에서 온 얼간이〉, 2015년 최고 흥행작인 살만 칸Salman Khan 주연의 〈카슈미르의 소녀〉, 2016년 최고 흥행작인 니테시 티와리 감독의 〈당갈〉 등은 인도 영화의 박스오피스를 이끈 발리우드 블록버스터다.

다음 절에서는 최근 발리우드 블록버스터의 발전과 동향을 개괄적으로 살펴본 후, 최근 인도에서 최고 흥행을 기록한 세 편의 발리우드 블록버스터 작품을 영화 산업, 영화 미학, 주제 의식이라는 세 가지 층위에서 구체적으로 분석할 것이다. 이를 통해 발리우드 블록버스터 영화의 새로운 영화 미학적 특징과 주제 의식 속에 내포된 이데올로기, 그리고 그것이 갖는 사회 맥락적 의미에 대해 살펴보고자 한다.

(2) 발리우드 블록버스터 영화의 특징과 새로운 동향

발리우드 블록버스터 영화의 특징

발리우드 영화는 평균 세 시간에 달하는 긴 상영 시간과 화려한 춤, 노래가 어우러진 뮤지컬 장면이 삽입된 독특한 영화 양식을 가지고 있는데, 이는 초창기 인도 영화에서 그 연원을 찾을 수 있다. 최초의 인도 영화는 1913년 팔케 감독의 〈하리시찬드라 왕〉으로, 영국의 식민 지배에 대항한 스와데시 운동의 영향 속에 제작되었다. 또한 영국 식민 지배를 거치며 탄생한 인도 영화는 영국 정부의 검열과 억압을 피하기 위해 비현실적인 판타지나 신화를 소재로 하는 영화를 제작하는 경향이 생겼다. 이에 '힌두'라는 민족정신에 입각하여 인도 고대 대서사시 『라마야나』와 『마하바라타』의 내러티브나 고대 조로아스터교의 의식을 포함한 전통 민속극의 춤, 노래 등을 결합한 독특한 양식의 영화를 만들기 시작했다. 이것이 오늘날 인도 영화의 원형이 되었으며, 특히 영화 제작 중심지였던 뭄바이 지역의 힌디어 영화, 즉 발리우드 영화는 이러한 고대 대서사시의 내러티브를 차용하고 춤과 노래가 있는 전통 민속극을 계승한 뮤지컬 장면을 영화에 수용하며 독특한 영화 장르로 발전시켰다.

인도의 영화학자 쇼마 차테르지Shoma Chatterji는 「힌디 영화의 고유한 문화적 특징」에서 발리우드 힌디 영화의 정체성을 "네 가지 요인, 즉 위대한 인도 서사물 라마야나와 마하바라타, 인도 고전 연극, 민속극, 19세기 파르시 연극(페르시아에서 400여 년 전에 인도로 이주한 민족의 연극)에서 기인한다"고 분석하며 이를 힌두이즘Hinduism으로 정의한다.[15] 발리우드는 이러한 힌두 정신을 바탕으로 인도의 문화 정체성Indian-ness을 주류 이데올로기로 끊임없이 재현하며, 국가와 사회의 문화적 통합에 기여해왔다. 현재 인도는 언어를 기반으로 28개 자치주, 7개의 연방, 직할지로 구분되어 있으며, 3300개의 언어가 공존하고 있는 다문화·연방 국가다. 따라서 인도 사회는 언제나 국가 정체성과 사회 통합이 가장 중요한 사회적 문제로 대두되어왔다. 발리우드 영화는 이러한 국가적 가치관과 지향점을 반영하는 주류 이데올로기를 재생산하는 사회적 기능을 수행해왔다.

인도의 영화학자 비제이 미슈라Vijay Mishra는 "발리우드 영화는 재생산의 장치apparatuses와 그것으로 나오는 이데올로기를 동반하면서 미리 짜놓기pre-textualized를 한다"고 언급한다. 발리우드 영화의 양식적 특징이 힌두교의 주류 가치관을 재생산한다고 비판하는 것이다.[16] 플라이더러Beatrix Pfleiderer와 루체Lothar Lutze는 "① 힌디 영화는 현대화의 의례다. 즉 힌디 영화는 새로운 생활, 기능, 행동 양식 등을 가르치는 교육적인 기능을 가진다. ② 힌디 영화는 종교적 대용물이다. 이제 영화관은 순례지다. ③ 힌디 영화의 소비는 노동자들에 의존하고 있으며, 도피주의의 레크리에이션을 만들어낸다. ④ 힌디 영화는 퇴행적 행위의 묘사를 통해 관객의 피동적 패턴을 강화한다. ⑤ 영화의 코드와 메시지 전달 방식은 관객의 사회적 지위를 드러낸다. ⑥ 가족 구성의 사회 구조는 오늘날 사회의 변화에 따르지 못하고 있다. ⑦ 힌디 영화는 전통의 새로운 필요성 제시와 신화화로 사회 체제를 안정시킨다"고 말하며 발리우드 힌디 영화의 이러한 이중적 속성을 '현대화의 의례, 종교적 순례지, 도피적 레크리에이션, 관객의 피동적 패턴 강화, 사회 체제의 안정화에 기여'로 정의한다.[17] 즉 발리우드 힌디 영화는 현실과 동떨어진 낭만적 묘사와 해피엔드로 사회 현실의 실상을 은폐하고 현실에서 도피하려는 이데올로기escapism를 제공하는 동시에 힌디 전통문화와 정체성을 지켜온 인도 문화의 수호자로서의 역할을 수행하는 것이다.

　인도 영화는 서민 영웅이 악당을 물리치는 해피엔드 요소, 장시간 내내 나오는 노래와 춤의 엔터테인먼트 요소, 코미디와 로맨스와 액션이 결합된 마살라 장르로 인해 비록 현실 도피적 기능을 하지만, 서민 관객들에게 현실에서 찾기 어려운 쾌감과 만족을 주는 가장 대중적인 엔터테인먼트로 자리 잡고 있는 점은 분명하다.

발리우드의 최근 동향

발리우드는 항상 시대적 변화를 수용하며 관객의 취향에 맞게 다양한 변화를 시도해왔다. 이러한 자기 혁신과 변용은 오랫동안 관객들의 사랑을 받는 또 다른 요인이 되었다. 특히 1990년대 중반을 기점으로 글로벌 문화 개방 환경이 조성되고 특수 효과와 영화 기술이 가미된 미국 할리우드 영화 〈쥬라기 공원Jurassic Park〉(1994)과 〈타이타닉Titanic〉(1998)이 인도에서 흥행을 기록하자, 발리우드 영화 산업과 영상 미학은 새로운 변화와 모색을 시도했다.

　영화 산업적 측면에서는 멀티플렉스 영화관이 도입되었고, 제작에서는 글로벌 합작과 해외 로케이션을 바탕으로 하는 새로운 블록버스터 영화가 등장하기 시작했다. 전통적으로 힌두교 가치관과 관습에 기반을 둔 보수적인 분위기 속에 전체 관람가 등급 수준으로 만들어진 발리우드 영화는 20대 이상 성인 관객층도 공감할 수 있는 확장된 '표현의 자유' 속에서 창작되고 사회성이 강한 주제 의식을 반영하는 방향으로 점차 변모하기 시작했다. 1995년 아디티야 초프라Aditya Chopra 감독(발

새로운 발리우드 영화 〈용감한 자가 신부를 데려가리〉(1995).

리우드의 거장 야시 초프라Yash Chopra의 아들)의 데뷔작 〈용감한 자가 신부를 데려가리Dilwale Dulhania Le Jayenge〉는 이러한 시대적 변화를 상징하는 작품이다. 자유롭고 파격적인 로맨스, 글로벌 로케이션 등 새로운 스타일과 가치관으로 20, 30대 젊은 관객층의 열렬한 환호를 받았다. 이 영화로 주인공 샤룩 칸은 인도 최고의 스타로 부상했고, 이 영화에서 비롯된 미국, 유럽과의 공동 제작과 해외 로케이션은 이후 발리우드 블록버스터 영화의 새로운 전형으로 자리 잡았다.

비제이 미슈라는 "〈용감한 자가 신부를 데려가리〉 이후 디아스포라적 욕망diasporic desire은 인도 관객들의 욕망 안으로 들어왔다. 그것이 글로벌 시대 발리우드의 새로운 미학이다. 디아스포라는 발리우드의 핵심 요소로 자리 잡을 것이다. 발리우드는 디아스포라적 욕망 없이는 완성되지 않을 것이다"라고 평가한다. 1990년대 이후 글로벌 시대의 문화 개방과 국제 교류가 활성화되면서 인도 관객들은 새롭게 유입되는 서구 문화와 볼거리 많은 해외 로케이션, 세계 속을 누비는 인도인과 인도 문화라는 욕망을 영화 속에서 찾기 시작한 것이다.[18]

2000년대 이후 해외 영화의 인도 영화 시장 진출이 활발해졌다. 2008년 20세기 폭스사가 인도 현지 배급을 시작했고, 2015년 〈분노의 질주—더 세븐Fast & Furious 7〉과 〈어벤저스—에이지 오브 울트론The Avengers: Age of Ultron〉은 100크로레(1367만 달러)* 이상의 대흥행을 기록하며 '발리우드 철옹성'을 흔들고 있다. 할리우드와 인도의 합작 경향은 증가하고 있다. 2012년 월트디즈니사가 인도 영화사 UTV 소프트웨어 커뮤니케이션스 그룹UTV Software Communications Group을 4억 달러에 인수하여 영화 제작에 나서고 있으며, 릴라이언스 엔터테인먼트Reliance Entertainment는 2008년부터 스티븐 스필버그의 영화사인 드림웍스DreamWorks 투자 파트너로 톰 행크스Tom Hanks가 기획한 애니메이션 〈톰 행크스의 일렉트릭 시티Electric City〉(2012)를 공동 제작했다.

발리우드 또한 국제 공동 제작, 스타 배우 기용,** 웰메이드 연출, 해외

---

*   인도 화폐 단위 1크로레Crore는 1000만 루피이며, 1루피는 약 17원이다. 따라서 1크로레는 우리나라 돈으로 1억 7000만 원으로 환산할 수 있다.

** 인도 영화의 특징적인 현상은 스타 배우들에 대한 거의 신화적 열광에 가까운 숭배 현상이다. '발리우드 3대 칸Khan'이라 불리는 샤룩 칸, 아미르 칸, 살만 칸을 비롯하여 아비셰크 바

로케이션, 세계 영화 시장 배급 등을 전면에 내세운 글로벌 영화를 제작하려는 경향을 보인다. 발리우드에서 할리우드 영화의 스토리 라인 및 모티프와 흡사한 블록버스터 영화들이 제작되고 흥행하는 현상도 나타나고 있다. 2012년 흥행 1위 〈엑 타 타이거Ek Tha Tiger〉는 할리우드 블록버스터 〈바디 오브 라이즈Body of Lies〉(2008)와 유사한 액션 및 서사 구조를 보여주며, 2013년 1위 흥행작 〈더 그레이트 서커스〉는 할리우드 영화 〈나우 유 씨 미Now You See Me〉 시리즈(2013, 2016)와 유사한 스토리와 전개 방식을 보여준다. 이와 동시에 발리우드 영화의 해외 진출 또한 증가하고 있다. 2014년 샤룩 칸 주연의 블록버스터 영화 〈해피 뉴 이어Happy New Year〉(2014), 샹카르S. Shankar 감독의 타밀 영화 〈아이I〉(2014)와 〈피케이—별에서 온 얼간이〉(2014) 등이 북미 지역과 중국에서 상영되어 큰 흥행을 거두었다. 이 밖에 2004년 파라 칸Farah Khan 감독의 〈내가 여기 있잖아Main Hoon Na〉, 야시 초프라 감독의 〈비르와 자라Veer Zaara〉, 2009년 아미르 칸 주연의 〈세 얼간이〉, 2010년 미국을 배경으로 하는 〈내 이름은 칸My Name Is Khan〉, 2012년 〈굿모닝 맨해튼

찬Abhishek Bachchan, 아크셰이 쿠마르Akshay Kumar, 아이슈와라 라이Aishwarya Rai 같은 국민적 인기를 갖고 있는 배우들은 단순한 대중적 인기를 넘어 마치 신화 속 영웅들과 같은 숭배 대상으로 존경받기도 한다. 따라서 인기 스타를 활용한 영화 마케팅은 세계 최고 수준에 도달해 있다. 인도의 인기 스타들이 수익의 50~80퍼센트 이상을 가져감으로써 영화 제작에서 경제적 부담으로 작용하기도 하지만, 영화의 흥행을 보장한다는 점에서 여전히 각광받고 있다. 2013년 샤룩 칸 주연의 〈첸나이 익스프레스〉, 아미르 칸 주연의 〈더 그레이트 서커스〉, 2014년 아미르 칸 주연의 〈피케이—별에서 온 얼간이〉, 2015년 살만 칸 주연의 〈카슈미르의 소녀〉, 2017년 아미르 칸 주연의 〈당갈〉 등이 흥행 기록을 갱신하며 영화 시장을 주도하고 있다.

English Vinglish〉 등이 제작되어 인도뿐 아니라 전 세계 영화 시장에서도 성공적인 흥행을 거두었다. 최근의 이러한 경향은 발리우드 블록버스터 영화가 글로벌 시대를 맞아 세계 영화 시장을 겨냥한 새로운 도전을 시도하고 있다는 것을 의미한다.

발리우드 블록버스터 영화가 인도 영화에서 주류의 위치를 차지하고 있다는 사실은 다음 인도 영화 시장의 박스오피스 흥행 순위에서 확인할 수 있다. 인도의 대표적인 영화 사이트 발리무비리뷰Bollymoviereviewz에 의하면, 2013년에는 〈더 그레이트 서커스〉가 261크로레, 2014년도에는 〈피케이―별에서 온 얼간이〉가 당시 기준으로 역대 최대 흥행 수익인 330크로레를 올렸고, 2015년에는 〈카슈미르의 소녀〉가 318크로레를 기록하며 그해 흥행을 이끌었으며, 2018년에는 〈산주Sanju〉가 336.19크로레를 기록하며 흥행을 이끈 것을 볼 수 있다.[19]

역대 인도 영화의 박스오피스 최고 흥행 순위에서도 발리우드 블록버스터 영화의 위상을 확인할 수 있다. 2016년 당시까지 집계된 통계에 의하면 인도 영화사상 흥행 1위는 〈피케이―별에서 온 얼간이〉로 735크로레, 2위는 〈카슈미르의 소녀〉로 604크로레, 3위는 〈술탄Sultan〉으로 584크로레, 4위는 〈더 그레이트 서커스〉로 529크로레 등 발리우드 블록버스터 영화가 흥행을 주도해왔다. 2016년 당시 발리우드 영화 제작 수는 225편이었지만, 발리우드 영화 흥행 상위 50위권 영화가 전체 인도 영화 흥행의 96퍼센트를 차지하고 있다.[20] 발리무비리뷰에 의하면, 〈표 2〉에서 볼 수 있듯 2018년도 국내외 박스오피스 수익을 통틀어 역대 인도 영화사상 흥행 1위는 여성 레슬러의 실화를 다룬 〈당갈

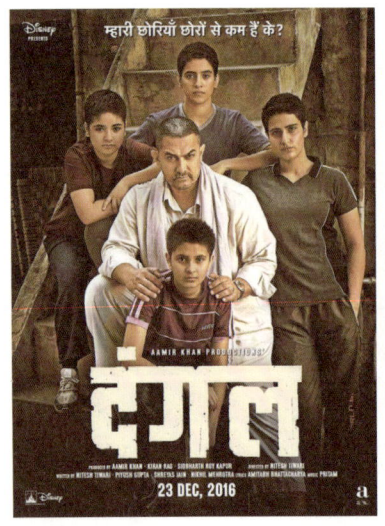 

2018년 역대 인도 영화 흥행 1, 2위를 차지한 〈당갈〉과 〈바후발리 2—더 컨클루전〉.

로 1988크로레를 기록했고, 2위 〈바후발리 2—더 컨클루전〉 1976크로레, 3위 〈카슈미르의 소녀〉 900크로레, 4위 〈시크릿 슈퍼스타Secret Superstar〉 850크로레, 5위 〈피케이—별에서 온 얼간이〉 743크로레 등이다. 이 가운데 텔루구어 영화인 〈바후발리 2—더 컨클루전〉를 제외하고는 모두가 발리우드 힌디어 영화다. 이와 같이 발리우드 블록버스터 영화는 시대 변화에 맞게 '전통에서 현대로의 전환transition from tradition to modernity'을 시도하고 있으며, 이를 통해 인도 영화 시장뿐 아니라 해외 영화 시장 진출에서 주도적인 위치를 차지하고 있는 인도 주류 영화임을 확인알 수 있다.

⟨표 1⟩ 2018년 인도 박스오피스 순위

순위	영화 제목	수익(크로레)
1	Sanju	336.19
2	Padmavaat	284.63
3	Simmba	190
4	2.0	187.79
5	Race 3	169.25
6	Baaghi 2	158.2
7	Thugs of Hindostan	143.25
8	Badhaai Ho	130.95
9	Stree	125.11
10	Raazi	120.45

⟨표 2⟩ 2018년 역대 인도 영화 총수익 순위

순위	영화 제목	수익(크로레)
1	당갈	1998
2	바후발리 2—더 컨클루전	1976
3	카슈미르의 소녀	900
4	시크릿 슈퍼스타	850
5	피케이—별에서 온 얼간이	743

* 발리무비리뷰 자료에서 재구성함.

(3) 발리우드 블록버스터 대표작

이번 절에서는 2013년부터 2015년까지 인도 박스오피스 흥행 1위를 차지한 세 편의 영화인 ⟨카슈미르의 소녀⟩(2015), ⟨피케이—별에서 온 얼간이⟩(2014), ⟨더 그레이트 서커스⟩(2013)를 심층 분석하여, 발리우드 블록버스터 영화에 나타나는 영화 미학과 주제 의식의 변화가 갖는 사회 맥락적 의미를 보다 구체적으로 살펴보고자 한다.

〈카슈미르의 소녀〉(2015)—힌두교 휴머니즘과 인도판 동화

〈카슈미르의 소녀Bajrangi Bhaijaan〉는 카비르 칸Kabir Khan 감독의 네 번째 장편 영화다. 카비르 감독은 1969년생으로 뉴델리의 자미아영화학교를 졸업한 뒤 주로 다큐멘터리를 만들어왔다. 1999년 〈잊혀진 군대 The Forgotten Army〉라는 다큐멘터리로 국내외 영화제에서 수상을 하며 주목을 받았고, 2006년 〈카불 익스프레스Kabul Express〉, 2009년 〈뉴욕 New York〉, 2012년 〈엑 타 타이거〉, 2015년에 〈카슈미르의 소녀〉 등을 연출했다. 인도에서 있었던 실화를 바탕으로 만든 〈카슈미르의 소녀〉는 발리우드의 대표적인 스타 배우 살만 칸이 주인공 파완 역을 맡아 2015년 인도 최고의 흥행을 기록했으며, 2016년 7월 개최된 제17회 인도국제영화제IIFA에서 최고작품상The best film을 받았다.

영화의 원제인 'Bajrangi Bhaijaan'은 힌두교의 신 '바지랑기 발리'와 이슬람교도들이 '형님'이라는 호칭으로 쓰는 '바이잔'이 결합된 말로 '바지랑기 형님'으로 해석할 수 있다. 바지랑기 발리 신은 힌두교의 2대 대서사시 『라마야나』에서 람Ram 신을 도와 그의 부인 시타Sita를 구해내는 데 기여한 용맹하고 강한 하누만 신(원숭이)을 말한다. 영화 속에서 바지랑기 축제 장면에서 화살을 쏘아 폭죽을 터트리는 장면은 이러한 신화를 재현한 것이며, 주인공 파완은 바지랑기 신의 현대판 화신이라 할 수 있다. 이 제목은 힌두교 하누만 신의 신화가 영화 이야기 속에 접목되어 있음을 함축적으로 보여준다. 이 영화의 내러티브는 다음과 같이 아홉 개 서사의 시퀀스sequence로 구성된다.

◼ 〈카슈미르의 소녀〉

① **파키스탄의 여섯 살 소녀 샤히다, 인도에서 미아가 되다** 파키스탄 카슈미르 지역 술탄푸르에 사는 샤히다의 부모는 말을 못하는 샤히다를 고쳐 달라는 기도를 드리기 위해 델리의 이슬람 성지인 하즈라트에 소녀를 데리고 간다. 국경을 넘어 인도 델리에 도착하여 기도를 드린 후, 돌아오는 기차에서 샤히다를 잃어버려 샤히다는 인도 땅에 홀로 남게 된다.

② **파완과 샤히다의 첫 만남** 인도 바지랑기 발리(하누만) 신 축제에 참석한 파완은 배고픈 소녀 샤히다를 발견하고, 빵과 먹을 것을 사준다. 경찰서에 데려가 맡기려 하지만, 고아원에 가게 될 것을 불쌍히 여겨 일단 자신의 집으로 데리고 가기로 한다.

③ **파완과 라시카의 사랑 이야기** 버스 안에서 사람들과의 대화와 회상을 통해 파완이 자라온 과정과 약혼녀인 라시카와의 사랑 이야기를 보여준다. 파완은 어린 시절부터 달리 잘하는 것 없는 청년이었고, 아버지의 갑작스런 죽음으로 유언에 따라 델리에 있는 아버지 친구 다야난드 씨 집을 찾아간다. 우연히 버스 안에서 만나 실랑이를 벌이던 아가씨가 바로 아버지 친구의 딸 라시카였다. 파완은 다야난드의 집에서 지내며 학교 교사인 라시카의 일을 거들어주며 사랑에 빠진다. 파완은 라시카와 결혼하기 위해 보증금을 마련하고 있는 중이다.

④ **파완, 샤히다가 파키스탄 이슬람교도임을 알게 되다** 샤히다를 돌보는 파완은 시간이 흐르면서 샤히다가 닭고기를 좋아하며 이슬람 사원에서 예배 드리기를 좋아한다는 걸 알게 된다. 그는 다른 종교를 가진 사람이라도 보살펴야 한다는 힌두 정신으로 샤히다를 집으로 돌려보내주기로 결심한다.

⑤ **파완, 샤히다를 데리고 파키스탄에 가다** 파키스탄 대사관을 찾아가지만, 인도인 시위대가 대사관을 공격하는 바람에 대사관은 폐쇄된다. 파완은 여행사를 통해 불법으로 밀입국시키려 했지만 여행사 사장이 샤히다를 매춘굴에 팔아넘기려 한 것을 알게 되고, 결국 파완은 직접 파키스탄까지 데려다주기로 한다.

⑥ **파완과 샤히다, 파키스탄에 밀입국하다** 국경 지역에서 지하 터널을 통해 파키스탄으로 밀입국한다. 파완은 종교적 신념에 따라 국경 군인들에게 모든 것을 자백하고 허락을 받은 후에야 파키스탄에 들어간다.

⑦ **샤히다, 고향 술탄푸르를 찾아가다** 파완과 샤히다는 스파이로 오인되어 파키스탄 경찰의 추적을 받는다. 이들은 이슬람 사원 사제의 도움 속에 파키스탄 방송 기자 찬드를 만나고, 이들의 사연에 감동한 찬드는 샤히다를 고향으로 보내는 일을 돕기로 한다. 그들은 샤히다의 고향을 알아내어 카슈미르 술탄푸르 지역으로 샤히다를 데리고 간다.

⑧ **샤히다와 부모의 상봉** 샤히다의 고향에 도착하기 직전 버스 불심 검문에 걸리지만, 파완의 희생 속에 샤히다와 찬드는 탈출하고 샤히다는 부모와 상봉한다. 파완은 파키스탄 경찰에 잡혀 경찰서로 압송되어 고문을 받는다.

⑨ **파완, 인도와 파키스탄 시민들의 도움으로 인도로 귀환한다** 찬드는 인터넷에 샤히다와 파완의 사연을 올리고, 인도와 파키스탄 양국의 시민들로부터 열렬한 호응을 이끌어낸다. 결국 파키스탄의 양심적인 경찰에 의해 파완은 풀려나고, 인도와 파키스탄 국경인 나로왈 검문소에 수많은 양국 시민이 운집한 가운데 국경문이 열리고 파완은 인도로 귀환한다. 이때 샤히다가 떠나가는 파완을 부르며 '말을 하는' 기적이 일어난다.

〈카슈미르의 소녀〉는 일반적인 서사물의 구조인 발단-전개-위기-절정-결말의 내러티브로 구성되어 있다. 발단부는 파완과 샤히다의 만남을 다루는 ①, ②, ③, 전개부는 파완이 샤히다가 파키스탄 소녀임을 알고 직접 데려다주기로 결심하는 과정을 그린 ④, ⑤, 위기와 절정은 국경을 넘고 우여곡절 끝에 샤히다가 무사히 집으로 가는 ⑥, ⑦, ⑧, 결말은 파완이 인도와 파키스탄 시민들의 도움으로 인도로 돌아가는 ⑨로 나눌 수 있다. 각각의 시퀀스에는 주인공 파완의 착한 성격으로 발생한 사건을 에피소드식으로 배치하여 관객들의 흥미와 감동을 끌어내며, 위기와 절정을 거쳐 고조된 내러티브는 카타르시스 작용을 하며 해피엔드로 마무리된다. 영화는 코미디 장르를 바탕으로 액션과 로맨스가 뒤섞인 마살라 영화의 전형적인 특징을 보여준다. 파완과 라시카의 로맨스, 인도 전통 씨름인 차바디와 액션 장면, 코믹한 에피소드 등을 뒤섞어 관객들에게 재미를 주며, 특히 공공 버스, 시장, 식당, 인도 전통 씨름판 등 서민들이 일상적으로 접하는 공간을 배경으로 영화가 전개된다.

특히 각 분절에는 춤, 노래, 군무가 나오는 마살라 영화 특유의 뮤지컬 신이 여덟 개 들어 있다. 바지랑기 발리 신 축제에서 파완이 등장하는 장면, 파완과 라시카의 데이트 장면, 파완이 샤히다를 떠나 보내는 장면, 파완이 샤히다와 파키스탄 곳곳을 다니는 장면 등에서 춤과 노래가 어우러져 나온다. 특이한 점은 〈카슈미르의 소녀〉의 춤과 노래는 전통적인 인도풍의 노래 외에 미국 대중가요 장르인 랩과 심지어 유럽의 요들송까지 가미되어 변모된 양상을 보여준다는 것이다.

〈카슈미르의 소녀〉는 인도 사회가 직면하고 있는 종교 문제, 파키스탄과의 갈등, 계급 제도 등의 사회 문제를 충실히 재현하며 '휴머니즘의 이름'으로 이를 비판하고 있다. 카슈미르 지역은 힌두교와 이슬람교의 갈등 속에 인도, 파키스탄으로 분단되어 여전히 갈등이 극심한 분쟁 지역이다. 인도의 독실한 힌두교도 청년이 우연히 만난 파키스탄의 이슬람교도 소녀를 국경을 넘어 고향으로 데려다주는 내용에서 국경과 종교를 초월한 휴머니즘을 엿볼 수 있다. 파완은 샤히다와의 만남을 통해 종교와 국가 간의 갈등을 뛰어넘어 자신을 희생한다. 파완이 샤히다를 데리고 밀입국을 하는 설정이나 파키스탄 경찰이 스파이 혐의자 파완을 양심적으로 석방하고, 마지막 부분에 인도와 파키스탄 양국 시민들이 국경 검문소에 모여 민중의 힘으로 검문소를 열게 하는 장면은 다분히 비현실적이며 판타지적이고 일종의 현대판 동화라고 할 수 있다.

영화는 인도 사회가 처한 실상보다는 기적과 꿈을 재현하고 관객들에게 카타르시스적 쾌감을 줌으로써 현실 도피적이라는 한계점을 가진다. 그럼에도 불구하고, 보편적 가치인 휴머니즘과 사랑을 바탕으로 인도 사회가 직면한 종교, 국경, 계급 문제를 넘어선 이상적 세계와 욕망을 제시한다는 점에서 발리우드 영화의 순기능을 읽을 수 있다. 인도 현지의 평단에서도 "편견과 전쟁 가운데서 천사들(가족, 어린이, 생명)이 있다는 것을 강조하는 영화"라는 호평을 비롯하여 찬사가 이어졌다.[21]

영화는 종교를 초월한 인류 보편적 휴머니즘을 강조하고 있지만, 여전히 발리우드 주류 영화에서 드러나는 힌두교 정신이 중심에 있다. 파완이 보여주는 휴머니즘은 이슬람교 또한 포용하려는 다신교 힌두이즘의 시각을 반영한 것이며, 마지막 장면에서 샤히다가 파완에게 "제이 쉬

람(람 신을 찬양한다)"이라는 힌두교식 인사로 마무리하는 장면에서 힌두교 중심적 가치관이 개입된 작위성을 엿볼 수 있다.

〈피케이—별에서 온 얼간이〉(2014)—군림하는 종교 권력에 맞서는 휴머니즘

〈피케이—별에서 온 얼간이PK〉는 2009년 〈세 얼간이〉로 세계 영화계의 주목을 받았던 라지쿠마르 히라니Rajkumar Hirani 감독의 네 번째 작품이다. 라지쿠마르 감독은 2003년 코미디 범죄 영화 〈문나 형님, 의대에 가다Munnabhai M.B.B.S〉로 데뷔한 이래, 2006년 후속작인 〈계속해요, 문나 형님Lage Raho Munnabhai〉, 2009년 〈세 얼간이〉를 연출했으며, 주로 코미디 장르를 바탕으로 인도인의 삶과 사회 현실을 순수한 휴머니즘 시각에서 비판적으로 성찰하는 영화를 연출해왔다.

영화 원제인 'PK'는 인도에서 황당하거나 어이없는 행동을 하는 사람을 비웃으며 '너 취했어?'라는 뜻으로 사용하는 말로, 우주에서 온 주인공의 이름이다. 〈세 얼간이〉에서 란초 역을 맡았던 발리우드 최고의 스타 아미르 칸이 외계인 주인공 역을 맡아 코믹하면서도 사회성 높은 연기로 주목받았으며, 그해 2014년 박스오피스 1위에 오르며 그 당시 기준으로 인도 영화사상 최고의 흥행을 기록했다. 이 영화는 다음 쪽과 같이 열 개 서사의 시퀀스로 구성된다.

이 영화는 발단-전개-위기-절정-결말로 전개되는 전형적인 발리우드 상업 영화의 서사 구조를 갖추고 있다. 발단부는 피케이의 착륙과 자구와 사파라즈의 사랑과 이별을 다룬 ①, ②, 전개부는 피케이와 자구의 만남과 방송 출연 제안을 다룬 ③, ④, ⑤, 절정과 위기는 피케이의 종교

■ 〈피케이―별에서 온 얼간이〉

① **프롤로그** 인도 라자스탄 하늘에 UFO가 나타나고 외계인 피케이(아미르 칸)가 내려온다. 처음 만난 인도 남자에게 우주선과 연락하는 리모컨인 목걸이를 빼앗긴다.

② **자구와 사파라즈의 사랑과 이별** 인도 여성 자구는 벨기에 브뤼헤에서 열린 인도 시인 바찬의 시 낭독회에서 우연히 파키스탄 유학생 사파라즈를 만나 국경과 종교를 초월한 사랑을 시작한다. 인도 델리에 있는 자구의 아버지는 힌두교 사제에게 이 사실을 알리고 사제는 "파키스탄인이 배신할 것이다"라고 예언하며 둘 사이를 막는다. 자구는 결혼식을 올리기 위해 성당에 가지만, 헤어지자는 쪽지를 받고 상처를 입은 채 인도로 돌아온다.

③ **자구, 피케이와 만나다** 델리에서 방송 기자로 일하는 자구는 우연히 지하철에서 "신을 찾습니다"라는 제목의 전단지를 돌리던 피케이를 만난다. 피케이가 힌두 사원에서 돈을 훔치고 노상 방뇨로 경찰서에 갇히자 호기심에 경찰서 구치소 안까지 들어가 피케이를 인터뷰하게 된다.

④ **자구, 피케이가 신을 찾는 이유를 알게 되다** 피케이는 우주선과의 연락 리모컨을 잃어버린 후, 카섹스 하는 사람들의 옷과 지갑을 훔치며 떠돌이 생활을 이어간다. 어느 날 악극단 차에 치이는 사고로 악단장 바이론을 알게 되고 그의 도움으로 매춘 여성에게 지구 언어를 배운다. 피케이는 델리로 가서 우주선 리모컨을 찾기 위해 거리 사람들에게 묻자 신에게 물어보라는 답변을 듣고 "신을 찾습니다"라는 전단지를 돌리고 있었던 것이다.

⑤ **자구, 피케이를 돕기 위해 방송 출연을 추진하다** 자구는 처음엔 피케이를 정신병자 취급하지만, 아내 생일날 호텔에서 식사하기 위해 동냥하던 노인의 진실을 알아낸 그의 능력을 본 후 그가 외계인임을 믿고 리모컨 찾는 것을 돕기 위해 방송 출연을 제안한다.

⑥ **피케이와 힌두 사제의 공방** 피케이는 자신의 리모컨이 힌두 사원에 있고, 힌두 사제가 그것을 신이 내린 선물로 왜곡하고 있는 것을 알고 찾아간다.

공방 1 사제가 신도들에게 헌금과 고행을 강요하자, "진짜 신이라면 자신의 아들에게 그런 일을 시키겠어요? 진짜 신이라면 헌금과 우유를 굶주린 이웃을 위해 쓰라고 하겠지요"라고 비판한다.

공방 2 피케이는 힌두교 사원에 이슬람교도, 시크교도, 자이나교도, 가톨릭교도 복장을 한 사람들을 대동하여 사제에게 이들 종교를 알아맞혀보라고 한다. 사제가 복장으로 판정하지만, 실은 이들이 복장을 바꿔 입었으며 "패션으로 종교를 구분한다"고 비판한다.

공방 3 피케이는 "사람들의 두려움을 이용한 돈벌이를 하는 가짜 신"을 비판하며, 대학 정문 앞에 돌과 가짜 신상을 갖다놓아 시험을 앞둔 대학생들이 몰려와 기도하고 헌금하는 장면으로 이를 증명한다. 피케이의 행적이 인도 전역에 방송으로 보도되자, 전국적으로 가짜 신에 대한 제보와 논란이 뒤따른다.

⑦ **피케이와 힌두교 사제의 방송 토론 추진** 궁지에 몰린 사제는 방송에서 피케이와 끝장 토론을 할 것을 제안한다.

갈등 1 자구의 아버지가 찾아와 물의를 일으킨 딸의 뺨을 때린다.

갈등 2 피케이는 자구에게 사랑을 느끼고 고백하려다가 자구가 예전의 파키스탄 남자 사파라즈를 여전히 사랑하고 있음을 알게 되고 고민에 빠진다. 악극단장 바이론은 우연히 피케이의 리모컨을 훔친 도둑을 잡게 되고, TV 토론에 증인으로 데려가기 위해 열차를 타고 델리에 도착하지만, 우연히 발발한 종교 집단의 폭탄 테러로 죽음을 맞이한다.

⑧ **TV 끝장 토론** 피케이와 힌두교 사제는 방송 토론에서 맞붙는다. 사제는 "신은 사원을 지으라 하는데 피케이는 반대한다. 신이 없는 세

상을 원하는가?"라고 공격하고, 피케이는 "두 개의 신이 있다. 하나는 우리를 창조한 신, 또 하나는 인간이 만든 신이다. 신을 지키겠다는 사람들이 폭탄 테러를 하며 사람들을 죽이고, 부자는 만나주지만 가난한 사람은 기다리게 한다"고 반격한다. 사제는 이슬람교도의 테러를 비난하면서, 자구와 사파라즈의 옛날 일을 폭로한다. 피케이는 사파라즈와 자구의 이별이 실은 오해로 인한 것임을 밝혀내고, 그들의 사랑을 연결해주고 토론에서 압승한다.

⑨ **피케이와 자구의 이별** 리모컨을 되찾은 피케이는 우주선을 부르고, 처음 내린 곳에서 자구와 이별한다. 자구는 피케이가 자신의 별로 가져가려는 녹음기 테이프가 자신의 목소리를 담은 것임을 알게 된다. 자구는 피케이의 사랑과 순수한 마음을 알게 되지만, 피케이는 우주선을 타고 떠난다.

⑩ **에필로그** 세월이 흐른 후, 우주선이 다시 지구로 오고 피케이와 외계인들이 지구에 내린다.

비판과 힌두교 사제와의 방송 토론을 다룬 ⑥, ⑦, ⑧, 결말은 피케이와 자구의 이별을 다룬 ⑨로 나뉜다. 이 내러티브는 관객들이 영화를 쉽게 이해할 수 있고, 대중들의 감동을 서서히 고조시키다가 절정에서 분출하는 카타르시스 단계를 가진 상업 영화 내러티브 전략을 따르고 있다. 또한 코미디 장르를 바탕으로 외계인과의 로맨스, 액션, 스펙터클 요소를 혼합하여 관객들에게 최대한의 재미와 오락을 제공한다. 영화는 인도 서민들이 일상적으로 접하고 살고 있는 시장, 경찰서, 매춘굴, 시내버스, 사원 등을 배경으로 부패한 경찰 등 인도 사회의 부패와 문제점을 코믹하게 풍자한다. 특히 자구와 사파라즈의 데이트 장면, 피케이와 악극단의 만남, 피케이와 자구의 사랑 장면 등 세 곳에서 춤과 노래와 군무가 어우러진 '마살라 뮤지컬' 형식을 취한다. 현실→판타지→현실로 순환되는 공간적 무대를 통해 주인공 남녀의 사랑과 로맨스를 더욱 극적으로 고양시킨다.

이 영화에는 최근 발리우드 블록버스터 영화가 지향하는 글로벌한 영화적 요소가 대폭 가미되어 있다. 전반부에 자구와 사파라즈가 만나고 사랑하는 공간은 벨기에의 브뤼헤이며, 유럽에 있는 자구와 인도의 가족들이 인터넷으로 영상 통화하는 장면을 교차 편집으로 보여줌으로써 인도인의 글로벌 문화에 대한 수용을 드러낸다. 여주인공 자구는 짧은 헤어스타일에 청바지를 즐겨 입는 탈전통적 외양을 하고 있으며, 방송 기자라는 전문직 여성으로 묘사되어 글로벌한 문화와 새로운 여성상을 긍정적으로 수용한 발리우드 영화의 변화를 엿볼 수 있다.

〈피케이—별에서 온 얼간이〉의 핵심 주제는 군림하는 종교 권력에 대한 날선 풍자와 비판이다. 피케이는 행방불명된 "신을 찾습니다"라는 전단지를 뿌리며, 병원 신생아실에서 종교 표식을 찾기 위해 소동을 벌이고, 근본주의 종교 단체의 폭탄 테러를 겪으며 오열한다. 피케이라는 외계인의 시각을 통해 신의 이름으로 자행되는 배금주의와 폭력 등 '만들어진 가짜 신'을 맹렬히 비판하고 있다. 빈곤과 계급 차별에 침묵하고 사원 짓기와 헌금에만 몰두하는 힌두교 사제와 서민의 입장에서 신을 바라보는 피케이를 대립 관계로 설정하여 인도 사회에 만연한 종교 문제를 정면으로 비판한다. 가난한 이웃을 멀리하고 자신들의 신을 위해 테러를 가하는 종교를 비판하고, 이웃에 대한 사랑과 선의가 충만한 휴머니즘적 이상향을 주장한다. 또한 자구와 사파라즈의 사랑을 통해 국경과 종교를 초월한 사랑과 휴머니즘을 강조한다.

이처럼 〈피케이—별에서 온 얼간이〉는 인도 사회가 직면하고 있는 종교 갈등, 파키스탄과의 대립, 사회 부패 등을 정면으로 응시하고 비판하면서 서민과 휴머니즘의 시각에서 대중들의 욕망을 코믹하고 따뜻하게 대리 충족시키는 데 성공하여, 인도 영화사상 최고 흥행을 기록했다. 이 때문에 "영화〈ET〉같은 친숙한 이야기이지만, 소설『어린 왕자』같은 깊은 철학을 담고 있다"는 언론의 극찬을 받았다.[22]

〈더 그레이트 서커스〉(2013)—글로벌 지향형 발리우드 영화의 정수

〈더 그레이트 서커스Dhoom 3〉는 '둠' 시리즈의 세 번째 영화다. 이 시리즈는 두 명의 경찰관 제이(아비셰크 바찬)와 알리(우다이 초프라Uday Chopra)가 프로페셔널한 도둑과 악당을 물리치는 코미디와 액션이 결합된 경찰 버디buddy 영화다. 시리즈의 첫 번째 영화〈둠Dhoom〉(2004)은 오토바이 달인 경찰관 제이와 알리가 갱단을 물리치는 내용으로, 제이와 알리는 갱단 두목 카비라를 잡기 위해 조직에 잠입하여 갱단 주변의 여성들과 사랑에 빠지며 카비라 일당을 소탕한다. 속편인〈천재 도둑 미스터 A Dhoom 2〉(2006)는 경찰관 제이와 알리가 도둑 '미스터 A'를 잡는 과정을 그린 영화다. 이 영화는 인도뿐 아니라 브라질과 피지섬 등을 배경으로 촬영되었으며, 미스터 A와 그를 돕는 수네히리 역은 각각 인도 영화 최고의 스타 리틱 로샨과 미스 월드 출신의 세계적 배우 아이슈와라 라이가 맡아 주목을 받았다. 둠 시리즈는 시나리오 작가인 아디티야 초프라가 전체 제작을 맡았으며, 1편과 2편은 산자이 가드비Sanjay Gadhvi가 감독을 맡았다. 이 시리즈는 두 명의 경찰관 제이와 알리가 등장한다는 점에서는 공통적이지만, 매번 새로운 주인공이 등장하여 영화를 이끈다는 점에서 차이가 있다. 2편에서는 리틱 로샨과 아이슈와라 라이, 3편에서는 아미르 칸 등 매번 인도 영화 최고의 스타들이 주인공 악당을 맡아 화제를 모았다. 3편은 1, 2편에서 시나리오를 맡았던 비제이 크리슈나 아차리아Vijay Krishna Acharya가 직접 연출을 맡고 제작비 3300만 달러를 들인 상영 시간 170분 분량의 발리우드 블록버스터 영화이며, 2014년 박스오피스 최고 흥행을 기록했다. 시카고 시내를 올 로케이션으로 촬영하여 영화 공간의 지평을 글로벌 공간으로 전면적으로 확장했다.

〈더 그레이트 서커스〉는 미국 시카고를 배경으로 인도서커스단The Great Indian Circus을 운영하는 사히르와 사마르 쌍둥이 형제가 아버지를 죽음으로 내몬 미국 은행가에게 복수하는 내용이다. 시리즈 전편과 마찬가지로 인도 경찰관 제이와 알리가 국제경찰로 파견되어 은행 강도 사히르 형제를 추적한다. 아미르 칸이 쌍둥이 형제 1인 2역을 맡았다. 원제 '둠Dhoom'(힌디어 표기로 'Dhūm')은 '폭발하는 강렬한 소리'라는 의미로 영어로는 'Bang' 혹은 'Blast'로 번역되었다. 이 영화의 내러티브는 다음과 같이 여덟 개의 시퀀스로 구성된다.

■ 〈더 그레이트 서커스〉

① **프롤로그** 1990년 미국 시카고, 파산 위기에 처한 인도서커스단 단장인 주인공의 아버지는 채권단을 위한 마지막 공연을 펼치지만 끝내 파산하게 되고, 권총으로 자살한다. 세월이 흘러 시카고 웨스턴 은행에 강도가 침입하여 돈을 빌딩에 뿌리고 달아난다.
② **인도 뭄바이의 제이와 알리** 최고의 경찰관 제이와 알리는 조직폭력배 두목을 잡아 소탕한다.
③ **시카고에 온 제이와 알리** 은행 강도가 인도어로 흔적을 남기자, 제이와 알리는 국제경찰 자격으로 시카고로 파견된다. 경찰관 제이는 은행 강도를 유인하기 위해 텔레비전에 나가 범인을 자극하고, 범인 사히르는 다시 은행을 턴다.

④ **경찰관 제이와 은행 강도 사히르의 시내 추격전** 사히르는 오토바이를 타고 도망가고, 제이가 추격하여 어깨에 총을 맞힌다. 제이와 알리는 인도서커스단의 운영주 사히르가 범인임을 직감하지만, 사히르의 어깨에는 총상 자국이 전혀 없다.

⑤ **쌍둥이 형제 사히르와 사마르** 사히르에겐 어린 시절부터 서커스 마술을 위해 철저히 숨겨져온 비밀의 존재, 쌍둥이 동생 사마르가 있다. 사마르는 사히르의 마술 파트너로 트릭을 위해 숨겨져왔다. 이들 형제는 웨스턴은행의 파산 선고로 아버지가 자살하자, 이를 복수하기 위해 나선 것이다.

⑥ **사마르와 알리아의 사랑** 경찰관 제이는 서커스단 직원으로 변장하고 잠입하여 이들 쌍둥이 형제의 정체를 알게 된다. 경찰관 제이는 매주 일요일 사마르가 혼자 놀이공원을 찾는 것을 알고 접근하여 친구가 된다. 제이는 사마르가 알리아를 사랑한다는 것을 알고 이를 이용한다. 사마르는 서커스 공연에서 사히르 역을 맡고 대중 앞에 나서며 알리아와 데이트를 한다.

⑦ **은행 폭파와 복수** 사히르와 사마르는 마지막 복수를 위해 웨스턴은행 건물에 들어가 은행을 폭파하고, 제이와 경찰들은 이들 형제를 추적하지만 또다시 실패한다.

⑧ **에필로그** 웨스턴은행은 파산하고, 경찰관 제이는 사마르의 연인 알리아를 이용하여 쌍둥이를 유인하고, 마침내 댐 위에서 이들을 포위한다. 사히르는 동생 사마르를 위해 범죄 증거를 넘기는 대신 사마

르를 풀어줄 것을 협상하고 댐 밑으로 투신한다. 뒤이어 사마르 또한 뛰어내린다.

이 영화 역시 전형적인 발단-전개-위기-절정-결말의 내러티브 구성을 따른다. 발단부는 아버지의 자살과 쌍둥이 형제의 복수가 시작되는 ①, 전개는 인도 뭄바이 최고의 경찰관 제이와 알리가 미국 시카고로 파견되어 사히르 형제와 맞서는 ②, ③, ④, 위기와 절정은 사히르의 숨겨둔 쌍둥이 형제의 출현, 사마르와 알리아의 사랑, 웨스턴은행 폭파를 다룬 ⑤, ⑥, ⑦, 결말 부분은 사면초가에 놓인 사히르가 동생 사마르의 석방을 조건으로 댐 밑으로 뛰어내리고 사마르가 같이 투신하는 내용인 ⑧의 순서로 배열되어 있다.

각각의 시퀀스는 아버지의 복수를 위해 은행을 터는 사히르 형제와 이에 맞서는 경찰관 제이와 알리의 활약이라는 두 축을 중심으로 전개된다. 전반적으로 스펙터클한 액션 장면에 비해 서사 구조는 개연성이 떨어지고 논리적 전개가 다소 빈약한 편이다. 특히 극의 절정 부분인 알리아와의 사랑, 결말 부분에서 댐 위에서 경찰과 대치하는 장면 등에서는 플롯의 논리성이 결여되어 있고 개연성이 부족한 한계를 보이지만, 이러한 빈약한 서사 구조를 스펙터클한 볼거리와 장르적 쾌감을 주는 결말을 통해 보완한다. 사마르와 사히르 형제의 현란한 오토바이 묘기와 경찰관 제이의 박진감 넘치는 오토바이 추격전 장면은 극에 긴박감을 불어넣으며 빈약한 내러티브를 시각적 스펙터클 효과로 상쇄한다. 범죄 누아르 장르를 표방하지만 오토바이 액션, 사마르와 알리아의 로맨스, 그리고 경찰관 알리의 코믹한 유머 등이 뒤섞인 혼합 장르적 성격을 통해 극의 재미와 오락적 요소를 강화한다.

매 시퀀스마다 발리우드 마살라 영화의 전형적 양식인 춤과 노래와 군무가 등장한다. 여덟 개의 시퀀스에 일곱 개의 뮤지컬 장면이 삽입되어 극의 재미를 더한다. 뮤지컬 장면은 실제 등장인물 간의 대사와 노래로 시작되어, 갑자기 군무가 등장하는 판타지 공간으로 전환되다가, 어느 순간에 다시 현실로 돌아와서 인물들이 대화를 하는 장면으로 바뀌는 발리우드 영화의 전통적 형식을 따른다. 특이한 점은 뮤지컬 장면에서 서구 대중음악 양식이 대폭 가미된 지점이다. 이 영화에는 전통적인 인도풍의 노래와 춤을 계승하면서도, 사히르의 탭 댄스, 알리아의 힙합 댄스, 미국 힙합 댄스와 흑인들의 등장 등 미국 대중문화의 요소가 대폭 접목되어 있다. 이는 발리우드가 글로벌 문화를 수용하면서도 세계 영화 시장으로 진출하기 위해 전통 양식인 노래와 춤에 미국 대중음악을 접목하고 있는 현상을 단적으로 보여준다.

또한 스펙터클한 볼거리 등 할리우드 블록버스터의 양식을 영화에 차용하고 있다. 화려한 무대 공연, 마술, 그리고 긴박감 넘치는 자동차와 오토바이의 추격 장면 등 스펙터클한 장면은 할리우드 블록버스터 〈나우 유 씨 미〉 시리즈와 대단히 흡사해 보인다.

최근 발리우드 블록버스터는 글로벌 시장 전략 속에 인류 보편적 사랑과 휴머니즘을 강화하는 글로벌 블록버스터를 지향하고 있다. 그럼에도 불구하고, 이 영화는 기본적으로 인도 전통문화와 종교 정신을 바탕으로 하는 강렬한 문화적 자부심을 표출하고 있다. 사히르 역을 맡은 아미르 칸은 단단한 근육질의 상체를 상시적으로 드러내고 현란한 오토바이 액션 묘기를 보여주면서, 시카고 시내를 활보하는 강인한 인도인의 모습을 보여준다. 사히르 형제가 반복하여 외치는 "우리는 신의 아들, 누가 우릴 무시하랴"와 같은 대사와 시카고 번화가를 누비는 인도인들의 활약에 해외 관객보다는 오히려 인도 국내 관객들이 더욱 열렬한 반응을 보였다. 그런 점에서 이 영화는 인도인들의 문화적 자부심을 고수하는 발리우드 블록버스터의 전통을 보여주는 영화이자, 동시에 1990년대 중반 이후 세계로 뻗어나가는 발리우드 블록버스터의 지향점을 명료하게 보여준다는 점에서 발리우드의 미래를 보여주는 영화다.

(4) 발리우드 블록버스터의 영화 미학—마살라 전통의 변용과 글로벌 지향형 영화

카타르시스 단계를 갖춘 전형적인 상업적 서사 구조
발리우드 블록버스터 영화의 서사 구조는 발단-전개-위기/절정-결말로 이어지는 할리우드의 고전적 내러티브 양식classical Hollywood narrative style으로, 특히 위기/절정 부분에서 카타르시스를 분출시키는 양식적 특징을 보인다.
　미국 할리우드에서 하나의 양식으로 정착한 고전적 내러티브 양식이

란 1920년대 할리우드의 메이저 스튜디오 시스템이라는 산업적 구조에서 그 연원을 찾을 수 있다. 1920년대 할리우드에서는 메이저 스튜디오를 중심으로 대규모 관객들을 극장으로 유인하고 영화 수익을 최대화할 수 있는 기업형 영화 제작을 추진했다. 가급적 쉽고 재미있는 이야기를 갖추고, 대중의 욕망을 폭발적으로 분출시키고 쾌감을 전달할 수 있는 서사 구조를 갖춘 상업 영화들을 집중적으로 제작한다. 1920년대 할리우드 메이저 스튜디오의 전략 속에 발단-전개-위기/절정-결말로 이어지는 이른바 고전적 내러티브 양식이 정착하게 되었다.

'카타르시스katharsis'란 아리스토텔레스Aristoteles가 『시학Peri Poietikes』 6장에서 "비극의 재현은 연민과 두려움을 불러일으킴으로써 그러한 종류의 감정에 대한 카타르시스를 실현한다"[23]고 비극을 정의하면서 언급하는 용어로, 일반적으로 정화 또는 배설의 의미로 이해된다. 즉 극의 체험을 통해 감정이 순화되거나 깨끗해지는 일종의 승화 작용을 말한다. 아리스토텔레스는 비극이 감정의 카타르시스를 가져오고 관객이 극 속의 인물에 자신을 투사함으로써 감정을 이입하고 이야기에 정서적으로 참여해 카타르시스를 간접 체험하게 된다고 보았다. 카타르시스는 '연민'과 '두려움'이라는 감정에 기인하는 일종의 쾌감이자 심미적 가치이며, 아리스토텔레스에 따르면 카타르시스에 의한 간접 체험이 도덕적 기능으로 작용한다.[24] 아리스토텔레스의 정의에 의하면, 예술 작품에서 카타르시스를 가능하게 하는 것은 독자나 관객이 극 중에 정서적으로 '참여'하거나 '동일시'하는 효과에서 기인한다. 영화학자 보드리Jean-Louis Baudry는 논문 「기본적 영화 장치가 만들어낸 이데올로기적 효과Ideological Effects of the Basic Cinematic Apparatus」(1970)에서 영화 장치는 관객들에게 동일시를 통해 이데올로기 효과를 발현하는데, "첫 번째 동일시는 이미지 그 자체에 대한 동일시다. … 두 번째 동일시는 첫 번째 동일시가 출현하도록 작동시켜주는 질서, 즉 초월적 주체와의 동일시다"라고 말한다. 그리고 이러한 동일시는 라캉Jacques Lacan이 거울 단계mirror stage에서 6개월에서 18개월 시기의 아이가 엄마를 통해 자아를 오인된 이미지로 형성하는 것과 같은 이데올로기 효과를 가진다고 말한다. 메츠Christian Metz는 이러한 영화 이론을 발전시켜 카메라의 시점과 같은 1차적 동일시, 영화에 의해 이야기되는 등장인물(특히 주인공)에 의한 2차적 동일시 작용을 통해 관객들이 초월적 위치에서 엿보는 자voyeur로서 영화에 몰입하고 쾌감을 느낀다고 주장한다.[25]

이와 같이 관객은 1차적, 2차적 동일시 과정을 통해 영화에 감정을 이입하게 되고, 영화의 이야기에 정서적으로 참여해 카타르시스를 간접 체험하게 된다. 즉 발단, 전개, 위기/절정에 따라 갈등이 첨예해질수록 긴장이 고조되다가 마지막 결말 부분에서 갈등이 해소되면서 관객들에게 일종의 정화를 동반한 쾌감을 느끼며 심리적 안정을 되찾게 하는 것이다. 발리우드 블록버스터 영화는 이와 같은 영화 장치의 동일시 효과 속에 카타르시스 단계를 중시하는 서사 구조의 구축을 선호한다. 김지석에 의하면 인도 영화는 "동일화의 미학, 즉 이야기 속의 등장인물과 관객의 감정을 동일화시키는 특성을 지닌다. 이를 인도의 고전적인 미학의 개념으로는 '사마야스Samayas'라고 한다. 이야기 속의 각 에피소드는 결말 부분에 가서 카타르시스를 주는 절정에 이르게 되는데, 이는 대중의 보편적인 감성을 표현하는 데 효율적으로 사용하고 있다."[26] 발단, 전개, 위기/절정, 결말로 이어지는 각 단계별 구분을 명료하게 구축하고, 결말 부분에서 쾌감을 동반한 강렬한 카타르시스를 관객들에게 제공하는 방식이다. 〈피케이—별에서 온 얼간이〉에서 피케이와 힌두 사제의 종교 갈등, 〈카슈미르의 소녀〉에서 주인공과 종교-국가 사이의 갈등, 〈더 그레이트 서커스〉에서 복수를 꿈꾸는 주인공 은행털이와 법의 수호자인 경찰의 갈등은 모두 발단, 전개, 위기/절정 과정을 거치며 서서히 고조되다가 마침내 결말 부분에서 폭발적으로 해소된다. 발리우드 블록버스터의 이러한 서사 구조를 바탕으로 카메라의 시점에 1차 동일시된 관객들은 등장인물에 동화되어 영화 속에 참여하고 해결 과정에서 카타르시스를 즐기는 2차 동일시를 통한 일종의 사회적 의식ritual과 같은 영화 체험을 하는 것이다.

이처럼 카타르시스가 동반된 내러티브 양식은 더 많은 관객들을 영화관으로 유인하려는 영화 산업계의 이해관계와 일치하면서 발리우드 블록버스터 영화의 전형적인 서사 구조 양식으로 활용되고 있다. 반면 카타르시스와 결합된 서사 구조는 종종 비현실적 해피엔드와 현실 도피적 쾌락을 동반하고 인도 사회의 주류 이데올로기를 내면화함으로써 사회 현실을 은폐하는 부정적인 효과를 낳기도 한다.

'마살라 뮤지컬'의 현대적 계승

발리우드 영화의 가장 독특한 특징은 '뮤지컬 신'의 등장이다. 주로 남녀 주인공이 사랑을 교감하는 장면에서 느닷없이 노래와 춤을 동반하는 초현실적 뮤지컬 신이 갑자기 디제시스diegesis* 속으로 개입하는데, 흔히 '마살라 영화'를 대표하는 양식으로 꼽힌다. 발리우드는 인도의 고전 연극과 무용을 영화 속으로 녹여온 영화사적 전통을 가지고 있다. 주인공들은 고전 노래와 무용을 배워야 했고, 현란한 카메라 기술과 결합하여 관객들에게 화려한 볼거리를 제공하면서 '마살라 영화'의 전통을 형성해왔다. 노래와 춤의 전통 양식은 인도 전통문화 속에서 그 기원을 찾을 수 있다. 3000년 역사를 가진 인도의 전통 경전 『베다Veda』는 '리그베다Rig-Veda,' '사마베다Sama-Veda,' '야주르베다Yajur-Veda,' '아타르바베다Atharva-Veda'로 나뉘는데, 리그베다는 찬가, 사마베다는 노래, 야주르베다는 공물 제의, 아타르바베다는 마법과 주술에 관한 지식을 노래와 춤이라는 제의 방식을 통해 전승해왔다. 또한 8세기경 이슬람교의 박해를 피해 인도로 건너온 페르시아 조로아스터교 파르시parsi 전통극에서도 군무와 노래가 등장하며 극의 흥을 돋우는 기능을 하고 있다. 20세기 초 영국의 식민 지배 아래 뭄바이, 콜카타, 첸나이 등 경제 대도시의 연극과 영화를 산업적으로 조직하고 운영한 상인-자본가들은 대부분 파르시계 인도인들이었고, 파르시 전통극은 초창기 인도 영화의 주요 양식으로 자리 잡은 배경이 되었다. 인도 최초의 영화인 1913년 〈하리시찬드라 왕〉을 연출한 팔케 감독은 파르시 연극을 주도한 파르시계 자본가 잠셋지 지지보이Jamsetjee Jejeebhoy가 설립한 예술학교인 J. J 학교 출신으로, 파르시 전통극의 교육과 영향 속에 영화를 연출했다. 특히 1931

---

* 영화 속 등장인물이 살고 있는 허구의 세계를 뜻한다.

년 열 개의 노래와 현란한 춤이 삽입된 인도 최초의 유성 영화인 아르데시르 이라니Ardeshir Irani 감독의 〈세상의 아름다움〉이 흥행하면서 발리우드의 뮤지컬 신의 기원이 되었다.

현재 발리우드 영화의 뮤지컬 신은 대체로 세 단계로 연출된다. 먼저 남녀 주인공이 사랑이나 정서적 친밀함을 나눌 때 두 사람의 노래와 춤 장면이 시작되고, 곧이어 순간적으로 초현실적 공간이나 거리로 배경이 전환되면서 느닷없이 다수의 남녀가 뛰쳐나와 노래와 화려한 군무를 보여주고, 다시 현실로 되돌아와 두 사람의 노래와 대사로 마무리되는 방식이다. 최근 발리우드 블록버스터 영화에서도 여전히 5~10개 정도의 마살라 뮤지컬 신을 유지하고 있으며, 2인 노래/춤→판타지 군무→2인 노래/춤으로 순환되는 전통 양식을 대부분 충실히 계승하고 있다.

특히 발리우드 블록버스터 영화는 스타 배우인 남녀 주인공을 등장시켜 관객들에게 매력적이면서도 강렬한 이미지의 춤을 보여주면서 영화의 오락성을 확대하는 전략을 활용해왔다. 〈천재 도둑 미스터 A〉에서 아이슈와랴 라이의 춤, 〈더 그레이트 서커스〉의 아미르 칸의 춤, 〈카슈미르의 소녀〉에서 살만 칸의 춤이 대표적인 사례다. 인도인들이 흔히 말하는 "영화에서 필요한 것은 한 명의 스타와 세 가지 춤, 그리고 여섯 곡의 노래"라는 말은 이러한 사례를 압축적으로 표현한다.[27]

이러한 뮤지컬 신은 첫째 주인공 남녀의 사랑을 관객들에게 극대화하여 보여주는 정서적 효과가 있고, 둘째 영화 속 등장인물의 캐릭터를 분명히 부각하고, 셋째 영화에 볼거리와 오락성을 가미하고, 넷째 편집 기교 면에서 신과 신의 정서적 흐름을 자연스럽게 연결하는 역할을 한다.

최근 발리우드 블록버스터 영화 속 마살라 뮤지컬 신에 나타나는 가장 큰 특징은 노래와 춤의 현대적 각색과 재해석에 있다. 〈더 그레이트 서커스〉에서 주인공 사히르가 등장하는 뮤지컬 신에서는 탭 댄스뿐 아니라 힙합과 랩이 가미된 춤과 노래가 선보이며, 군무를 추는 사람들도 인도인뿐 아니라 백인, 흑인 등 다양한 인종이 등장한다. 〈카슈미르의 소녀〉에서도 주인공 파완이 부르는 뮤지컬 신에는 랩과 요들송이 들어가는 등 외국의 대중가요와 춤이 뒤섞인 글로벌하면서도 현대적인 경향을 보인다.

이처럼 발리우드 블록버스터 영화는 국내 관객들의 열렬한 지지 속에 인도 영화 하면 노래와 춤이라는 마살라 뮤지컬 전통의 원형을 충실히 계승해나가면서도, 동시에 전 세계적으로 유행하고 있는 대중가요나 힙합 스타일을 수용한 현대적 계승과 새로운 변용이 나타나고 있다.

마살라 혼합 장르 양식의 고착화

장르라는 관점에서 본다면 발리우드 영화는 혼합 장르로 발전해나가고 있다. 원래 영화 장르는 관객의 취향과 기호에 최대한 부합하려는 영화 산업과의 공모 관계 속에서 발전해왔다. 장르란 내러티브 체계, 주제, 양식, 인물, 시청각적 요소 등 공통적인 구성 요소에 따라 영화를 유형별로 분류한 것이다. 토머스 샤츠Thomas Schatz에 의하면, "장르 영화란 1930년대 할리우드 황금기에 고착된 것으로 상업 영화 제작 그 자체의 물질적 조건의 결과이며, 하나의 '특권적' 영화 스토리의 정형이라는 것, 둘째, 관객과 제작사의 상호 작용의 산물인 영화 장르는 장르로 명명될 수 있을 정도의 친숙한 의미 체계가 될 때까지 점차 그 자체가 속한 문화의 한 부분을 구성해나가는 것"이다.[28] 이러한 친숙한 의미 체계를 부여하는 내적 요소가 공식formula, 관습convention, 도상icon 세 가지다. 먼저 공식은 장르 영화의 가장 커다란 단위로서, 예측 가능한 이야기 구조를 말한다. 예를 들면, 재난 영화disaster film란 평화로운 사회나 공동체에 갑작스런 재난이 찾아오면서 위기가 시작되고, 주인공과 조력자들이 합심하여 위기를 극복하여 다시 안정을 되찾는 식이다. 관습이란 장르 영화에 나타나는 익숙한 에피소드나 문법을 의미하는 것으로 예를 들면, 발리우드 영화에서 남녀 주인공이 사랑을 나눌 때는 춤과 노래가 등장하는 식이다. 마지막으로 도상이란 장르 영화의 가장 작은 단위로서 의상, 도구, 특정 건물 등의 요소를 말한다.

    장르는 관객과의 상호 작용 속에 형성되고, 제작자는 수익을 위해 관객들이 좋아하는 검증된 장르를 반복적으로 생산하려는 경향이 있다. 따라서 장르 영화는 관객의 수용 여부에 의해 퇴조하거나 변용되고, 영화 제작자들은 흥행에 성공한 장르 영화를 반복적으로 재생산하거나 시대의 조류에 맞게 변용한다. 샤츠는 장르가 실험 단계→고전적 단계→세련화 단계→바로크 단계로 나아간다고 설명하는데, 실험 단계는 영화가 성공을 거두면 유사 영화가 만들어지는 단계이며, 고전적 단계는 장르의 관습이 확정되는 시기이며, 세련화 단계는 특정 요소가 형식을 장식해가는 단계이며, 마지막 바로크 단계는 장르의 형식과 관습 요소들이 파괴되거나 패러디되는 단계를 말한다. 알트만R. Altman은 장르의 속성과 진화를 네 가지 단계로 서술한다. 첫 단계는 성공한 영화를 모방하면서 스튜디오들이 팔기 쉽고 고유한 라벨에 합치할 영화 시리즈를 전수시키려고 노력한다. 두 번째 단계는 만약 이 시리즈가 성공하고 다른 스튜디오들이 동일한 제작법의 성분들을 모을 수 있다면 시리즈는 장르가 된다. 세 번째 단계는 시리즈의 한정은 명사화되며 새로운 장르의 이름 자체가 된다. 네 번째 단계는 스튜디오 전체가 장르를 인정하고 공유한다면 혹은 장르가 포화 상태가 되었을 때 이 장르로부터 새로운 장르화 과정을 착수하게 되며, 새로운 시리즈를 창조하거나 버리는 것이 더 이익을 가져다주는 단계다.[29]

 이와 같이 장르 영화는 관객의 취향, 제작자의 전략이라는 유기체적 삼각관계 속에 구축되며, 장르 형성과 재창조라는 상호 텍스트의 속성intertextuality을 갖는다. 이러한 특징에 대해 기틀린Todd Gitlin은 흥행의 불확실성을 줄이기 위한 제작자의 전략에 장르의 변용과 재창조에 대한 해답이 들어 있다고 말한다. 기틀린이 언급한 제작 전략(스핀오프, 복제, 재조합)은 원래 방송 프로그램의 흥행 보장을 위한 관객-제작자 간의 상호 조응 관계에 기반을 둔 방법론인데, 영화 장르에도 그대로 적용될 수 있다. 그에 의하면, 첫 번째 스핀오프spin-off 전략은 성공한 프로그램의 인물을 주인공으로 해서 다른 속편 프로그램을 만드는 방식이다. 둘째 복제copy 전략은 성공한 프로그램을 그대로 베끼는 것이다. 셋째 재조합recombination 전략은 여러 흥행 요소를 하나의 프로그램 안에 버무리는 것이다. 그런 점에서 〈더 그레이트 서커스〉는 흥행에 성공한 시리즈의 속편으로 제작된 일종의 스핀오프 전략을 취한 사례이며, 〈피케이—별에서 온 얼간이〉는 전통적인 멜로드라마에 외계인 주인공이 등장하는 판타지 요소, 액션, 스릴러, 로맨틱 코미디 장르를 뒤섞은 재조합 전략의 사례라 규정할 수 있다.

이처럼 발리우드 영화는 로맨스와 액션 장르에 집중하던 이전의 형식에서 벗어나, 젊은 관객층의 달라진 취향을 수용하고 재미를 높이기 위해 스릴러, 액션, 판타지 등 다양한 장르를 섞는 혼합 장르적 경향을 보이고 있다. 이러한 발리우드의 혼합 장르 경향은 전 세계 영화 시장에 나타나는 보편적인 현상이기도 하지만, 특히 흥행을 중시하는 미국 할리우드 블록버스터 영화에서 직접적인 영향을 받은 것으로 보인다. 이러한 경향으로 인해 글로벌 시장 확대와 인도 관객층의 외연 확대라는 성과를 보인 것이 사실이지만, 발리우드 전통 양식이 글로벌한 무국적성 영화로 변색될 가능성도 있다.

스타를 활용한 스타 매니지먼트 전략

일반적으로 블록버스터 영화는 당대 최고의 스타를 주인공으로 기용하여 대중의 관심과 흥행을 유도하는 스타 매니지먼트 전략을 추구해왔다. 저스틴 와이어트에 따르면, "하이 콘셉트 영화에서 상업적인 관점에서 가장 중요한 전매 자산은 인적 자산, 즉 영화 제작에 참여한 스타 배우다."[30] 관객들은 주인공과의 동일시 효과 속에 대리 만족을 느끼며, 스타 배우의 헤어스타일, 말과 행동, 습관 등을 따라 하며 숭배하는 현상까지 보이는데, 이는 영화 흥행의 중요한 요인이 된다.

특히 발리우드 영화에는 스타 숭배가 강한 문화적 전통이 있는데, 이는 인도의 주류 종교인 힌두교의 숭배 관습과 연관이 있어 보인다. 인도에서는 서민과 세상을 구원하는 신화 속 영웅들을 힌두교 신들의 '하강,' 즉 신의 화신化身이라는 뜻의 '아바라타'라는 개념으로 받아들이며 숭배해온 문화 전통을 가지고 있다. 대중들은 이러한 '아바라타'의 전통을 영화 속 주인공 배우에게 투영하며 환호하고 열렬히 숭배한다. 국민 배우 샤룩 칸을 크리슈나 신(『마하바라타』에 나오는 에로틱하고 용기 있는 반신반인 영웅)의 화신으로 표현하고, 아이슈와라 라이를 파르와티 여신(시바 신의 배우자로 여러 모습으로 화신한다)으로 비유하는 등 발리우드 스타 배우를 신화 속 영웅으로 묘사하고 표현하는 것을 좋아한다.

현재 발리우드를 대표하는 남성 스타로는 국민 배우 '3대 칸'을 꼽을 수 있다. 아미르 칸은 2013년도 최고 흥행작 〈더 그레이트 서커스〉, 2014년도 최고 흥행작 〈피케이―별에서 온 얼간이〉의 남자 주인공 역을 맡았다. 살만 칸은 2015년도 최고 흥행작 〈카슈미르의 소녀〉에 이어 2016년 최고 흥행작 〈술탄〉의 주인공을 맡았다. 샤룩 칸은 2011년 〈내 이름은 칸〉, 2014년 〈첸나이 익스프레스〉, 2015년 〈해피 뉴 이어〉 등의 주연을 맡으며 활약하고 있다. 이 밖에 발리우드를 대표하는 남성 스타로는 발리우드의 전설 아미타브 바찬Amitabh Bachchan, 〈슈퍼 히어로 크리시 2〉의 주인공 리틱 로샨 등이 있으며, 여성 스타로는 인도 영화계의 여왕으로 불리는 〈카슈미르의 소녀〉의 카리나 카푸르Kareena Kapoor, 아이슈와라 라이, 〈피케이―별에서 온 얼간이〉의 여주인공이자 2016년 최고 흥행작 〈술탄〉의 여주인공인 아누시카 샤르마Anushka Sharma 등이 있다. 2015년 8월 인도의 영자 신문 『타임즈 오브 인디아*Times of India*』에 의하면, 스타 배우 중에 100크로레 이상 흥행을 거둔 영화에서 주인공을 맡은 배우로는 1위 살만 칸(8편) 등이 있다.* 인도 영화사에서 100크로레 이상 흥행을 기록한 영화는 총 39편인데, 10명의 스타 배우가 38편의 주인공을 맡았다는 통계로 볼 때 인도 영화 산업이 얼마나 스타 배우, 특히 남성 스타 배우에게 의존하고 있는지를 확인할 수 있다.

최근 발리우드 블록버스터 영화도 남성 스타를 캐스팅하여 흥행을 담보하는 방식을 충실히 따르고 있다. 현재 인도 영화계를 대표하는 남자 배우들이 흥행 영화를 주도적으로 이끌어가는 주인공으로 나오는 반면, 여성 주인공들은 주변적이거나 보조적인 역할에 머물고 있다. 갈등을 해결하는 중심인물은 언제나 남성 주인공이며, 여주인공은 최고의 스타일지라도 이들을 돕거나 보조하는 주변적 역할에 머무르는 한계를 보인다. 이러한 남성 중심의 영화 제작 경향은 인도 사회의 가부장제 문화 전통에서 기인한다.

(5) 발리우드 블록버스터의 주제 의식과 이데올로기―국가 이데올로기와 영화 산업, 관객이 빚어내는 욕망의 3중주

힌두 정신과 탈종교 휴머니즘의 모순적 공존

전통적으로 발리우드 영화는 인도의 전통 신화와 힌두교를 영화적으로

---

*　2위 샤룩 칸(5편), 3위 아자이 데브(5편), 4위 아미르 칸(4편), 5위 아비셰크 바찬(3편), 6위 리틱 로샨(3편), 7위 아크셰이 쿠마르(3편), 8위 리테이시 데시머크(3편), 9위 란비르 카푸루(2편), 10위 존 아브라함(2편)이다.

차용하여 신을 향한 찬양이나 영광을 재현하려는 힌두성Hindutva 경향을 간직해왔다. 힌두교는 인도의 유구한 역사 속에 다양한 사상과 철학이 융합된 다신교로서, 인도인들의 관습, 전통, 사회 등을 보여주는 정신문화다. 인도인들은 힌두 경전에 나오는 말을 인용하며 '인도에는 3억 3000개의 신이 있다'고 말한다. 힌두 신앙에서 가장 중추적인 신은 우주와 인간을 창조한 브라흐마, 파괴의 신 시바, 부처를 포함한 아홉 가지 화신으로 나타나는 균형의 신 비슈누 등 세 명의 트리무르티(삼위일체)가 대표적인 신이며, 이 삼신일체 신들을 중심으로 브라흐마의 아내 사라스와티, 비슈누의 아내 락슈마, 시바의 아내 파르트와, 두르가, 칼리 등 신들의 결혼과 화신으로 통합되어 있는 복잡한 체계를 갖는다. 이러한 종교관에 입각하여 인도인들은 주변에 접할 수 있는 동물들을 신으로 숭배하는데, 예를 들면 원숭이 신인 하누만은 『라마야나』에서 비슈누의 화신인 라마를 도운 정의와 용맹과 젊음을 상징하는 수호신이며, 인도 거리 곳곳에서 쉽게 볼 수 있는 코끼리 신 가네슈는 시바의 아들로 태어났지만 실수로 목이 잘리자 지나가는 첫 번째 동물인 코끼리의 머리를 붙인 신인데, 장애물을 제거해준다는 믿음으로 사업과 장사의 신으로 숭배되고 있다. 우리나라에 최초로 상영된 인도 영화 〈신상〉은 단순히 코끼리와 인간의 우정 이야기가 아니라, 힌두교를 상징하는 대표적인 동물인 코끼리를 통한 힌두 정신과 가치를 보여주는 영화다.

인도의 영화 연구자 쇼마 차테르지에 의하면, 발리우드 주류 상업 영화의 문화 정체성은 "위대한 인도 서사물 『라마야나』와 『마하바라타』, 인도 고전 연극, 민속극, 19세기 파르시 연극" 네 가지에서 기인한다고 말한다. 현재 인도의 문화 예술에서 가장 널리 인용되는 전통적인 소재는 고대 인도의 2대 대서사시 『마하바라타』와 『라마야나』다. 『마하바라타』는 '바라타족의 위대한 전쟁'이라는 뜻으로 기원전 10세기경 아리아인의 한 갈래인 바라타족의 왕위 계승 전쟁을 담은 대서사시다. 이 작품은 바라타족 왕자 유디스트라와 다섯 형제들의 방랑과 나라를 다시 세우는 과정을 그린 내용이다. 기원전 3~4세기경 만들어졌으며, 아리아인의 풍속, 윤리, 종교 등을 잘 보여주는데, 인도인들은 스스로를 바라타족의 후손이라 자처한다. 특히 다섯 형제 중 아리주나의 말을 모는 말몰이꾼 반신반인 크리슈나의 철학과 가르침이 인기가 높다. 『라마야나』는 '라마의 길'이라는 뜻으로 비슈누의 화신 중 하나인 라마 신의 여정과 무용담을 담은 대서사시다. 아요디아 왕국의 왕위 계승자인 라마는 이웃 공주 시타와 결혼했는데, 어느 날 랑카의 마왕 라바나가 시타를 납치해 갔다. 이에 라마는 원숭이의 왕 수그리바와 동맹을 맺고 그의 충직한 장군 하누만(원숭이 신)의 도움으로 라바나를 죽이고 시타를 구출한 후 왕위에 오른다. 이후 시타와 헤어진 그는 홀로 고결한 정신으로 자신의 업을 수행하며 백성들의 존경을 받았다. 『라마야나』는 정의의 수호자이자 이상적인 군주의 일대기를 그린 대서사시로서 오늘날 인도인들이 가장 사랑하는 신화 중 하나다.[31] 영화 평론가 디사나야케 Wimal Dissanayake 는 『샤레이—문화적 독해 Shalay: A Cultural Reading』에서 "현실과 환상, 내러티브와 스펙터클, 음악과 춤을 결합한 이 장르는 사람들의 문화생활과 정신에 깊이 뿌리박혀 있으며, 이국으로부터 새로운 영향을 받는다. 결국 영화는 다수 사람들이 인도스러움 Indian-ness을 유지하면서 사회적 근대화를 받아들일 수 있게 했다"고 말한다.³² 〈쿨리Coolie〉(1983), 〈마르드Mard〉(1985) 등을 연출한 발리우드의 저명한 감독 만모한 데사이 Manmohan Desai는 "내가 만든 모든 영화는 『마하바라타』에 관한 것이다"라고 술회한다.³³

최근까지 발리우드는 〈바후발리〉(2015)와 같이 전통 신화나 역사에 근거한 블록버스터 대서사극을 지속적으로 제작하고 있지만, 최근 발리우드 블록버스터 흥행작들에서는 예전 같은 노골적이고 직접적인 힌두 정신보다는 오히려 사회 현실에 맞게 종교를 비판적으로 성찰하는 내용의 영화가 인기를 얻고 있다. 그 배경에는 종교 갈등과 분쟁에 대한 대중들의 비판이 있다. 1992년 12월 아요디야 사태* 이후 힌두교 근본주의가 부상하면서 종교 갈등의 위험성이 과거보다 커졌다. 최근 힌두-무슬림 간 다양한 종교 갈등이 핵심적 사회 문제로 떠오르면서, 평화와 조화를 원하는 대중들의 염원이 더욱 높아지고 있다. 이러한 상황에서 발리우드에서는 주류 힌두교 정신을 재현하려는 움직임 외에 대중들의 욕망에 따라 평화와 휴머니즘을 바탕으로 종교 문제를 바라보려는 새로운 흐름이 나타나기 시작했다. 그 결과 최근 발리우드 블록버스터 영화를 중심으로 이러한 탈종교적 평화주의나 휴머니즘을 강조하는 주제 의식이 표출되고 있다.

앞서 분석한 〈카슈미르의 소녀〉와 〈피케이—별에서 온 얼간이〉는 이

---

* 아요디야에서 열린 대규모 종교 행진에 사원이 파괴되고, 전국적으로 힌두-무슬림 간 폭력 사태가 이어졌다.

러한 힌두 전통과 탈전통적 주제가 공존하는 발리우드의 현실을 잘 대변하는 영화들이다. 〈카슈미르의 소녀〉는 힌두교와 이슬람교 유래가 섞인 원제에서 읽을 수 있듯이, 종교 갈등 문제를 휴머니즘 관점에서 성찰하려는 주제 의식을 지닌다. 파완은 힌두교 원숭이 신 하누만의 열렬한 숭배자로서 불행에 빠진 이슬람교도 소녀를 고향으로 데려다주는 탈종교적 휴머니즘을 실행한다. 이 영화는 표피적으로는 이슬람교와 힌두교를 초월하는 탈종교적 휴머니즘 주제를 드러내고 있지만, 힌두교 하누만 신화를 차용한 서사 구조, 힌두교도 주인공의 시점에서 이슬람 소녀를 대상화하며 구원하는 영화의 시선 등에서 힌두교의 가치관을 기반으로 하는 휴머니즘을 드러낸다. 주인공 파완은 힌두교 하누만 신을 숭배하는데, 파완의 여정은 『라마야나』에 나오는 하누만의 여정과 꼭 닮아 있다. 파완이 파키스탄 소녀를 헌신적으로 데려다주는 과정은 마치 『라마야나』 신화 속 영웅 하누만 신이 시타 왕후를 구출하는 것과 유사하며, 그런 점에서 파완은 사실상 하누만 신의 영화적 화신으로 보인다. 마지막 장면에서 이슬람 소녀가 파완을 향해 "제이 쉬 람(라마 신을 찬양합니다)"이라고 외치는 장면은 영화의 주제를 함축적으로 보여주는 대목이다.

〈피케이―별에서 온 얼간이〉는 힌두교를 정면으로 비판한다. 외계인 피케이는 힌두 사제와의 설전을 통해 힌두교의 위선적이고 반反휴머니즘 행태를 강력하게 비판하고 조롱한다. 피케이는 사원에서 헌금을 받고 신의 음성을 들려주는 힌두 사제에게 "신은 왜 돈 있는 사람들의 이야기는 들어주고, 가난하고 약한 사람들의 이야기는 들어주지 않느냐"고 반박한다. 힌두 사제가 가족의 치료를 간구하는 사람에게 "히말라야로 가서 고행해야 하는 것이 신의 뜻"이라고 말하자, "우리 모두가 신의 아들이고 신께서 우리를 사랑한다고 하셨는데, 진짜 신이라면 자신의 아들이 겪는 고통은 덜어주지 않고 오히려 저 멀리 히말라야로 가서 고행하라고 명령하겠느냐"며 비판한다. 그러나 〈피케이—별에서 온 얼간이〉 또한 힌두교를 전면적으로 거부하거나 비난하는 영화라기보다는, 힌두 사원, 종교적 근본주의, 사이비 종교 등 신의 이름으로 자행된 테러나 배금주의 등 종교 권력의 비종교적 행태를 풍자하고 비판하는 데 그친다.

이처럼 〈카슈미르의 소녀〉와 〈피케이—별에서 온 얼간이〉에서와 같이 발리우드 블록버스터 영화는 힌두교의 주류 이데올로기를 재현하는 '힌두성'을 견지하는 영화 전통과 한편으로 인도 사회가 직면한 종교 갈등을 정면으로 비판하려는 탈종교적 휴머니즘이라는 두 가지 흐름이 공존한다.

인도-파키스탄 갈등 소재와 보편적 평화 정신의 부각

전통적으로 발리우드는 인도-파키스탄의 정치적 상황과 국경 갈등을 소재로 삼은 영화를 자주 제작해왔다. 인도와 파키스탄은 원래 하나의 국가였지만 종교적 갈등으로 분리된 아픈 역사를 갖고 있다. PAKISTAN은 원래 인도 북부 무슬림 지역인 펀자브Punjab, 아프가니아Afghania, 카슈미르Kashmir, 신드Sinth, 발루치스탄Baluchistan의 앞 글자를 따서 만든 국명으로, 우르두어와 페르시아어로 '청정한 땅'이라는 뜻을 가지고 있다. 1947년 8월 인도와 파키스탄은 종교 문제로 정식 분리

되었고, 이 과정에서 동파키스탄에서 260만 명의 힌두교도가 인도로, 인도에서 동파키스탄으로는 70만 명의 무슬림이 각각 이주했으며, 서파키스탄에서는 인도를 향해 750만 명이, 서파키스탄을 향해서는 650만 명의 무슬림들이 이주하는 대이동을 겪었다. 그 후 1971년 동파키스탄이 방글라데시로 독립하고 서파키스탄이 현재의 파키스탄이 되었다.

  인도-파키스탄 분리 이후 두 나라 사이의 가장 첨예한 분쟁 지역은 카슈미르 지역이다. 카슈미르는 히말라야산맥 안에 있는 고지로서, 현재 동부의 태반은 인도령이고 서쪽 일부는 파키스탄령으로 되어 있는 지역으로 무슬림 인구가 많이 거주하고 있어서 테러와 분쟁이 끊이지 않는 지역이다. 1948년에는 카슈미르 국경 분쟁으로 1차 인도-파키스탄 전쟁이 발발했고, 1965년 2차 인도-파키스탄 전쟁, 1971년 3차 인도-파키스탄 전쟁을 겪으며 현재까지 분쟁 지역으로 남아 있다. 현재 인도 입장에서 본다면 인도 연방인 카슈미르가 독립하게 되면 시크교도가 많은 동북부 지역, 타밀나두 등의 분리 운동이 가속화되어 도미노 현상처럼 번질 소지가 있어 강력한 통일 정책을 고수하고 있다.[34]

  이러한 역사 속에 국가 통합을 강조하는 국가 이데올로기가 발리우드 영화에도 일정한 영향을 미치고 있다. 2000년 리틱 로샨이 주연한 〈미션 카슈미르Mission Kashmir〉, 2004년 야시 초프라 감독이 연출하고 샤룩 칸이 주연한 〈비르와 자라〉가 국경 분쟁 문제를 다룬 대표적인 영화들이다. 〈미션 카슈미르〉는 힌두교와 이슬람교의 무력 충돌이 상존하는 카슈미르 지역에서 종교 갈등을 부추기는 테러 세력과 싸우는 주인공의 이야기를 다룬 액션 영화이며, 〈비르와 자라〉는 인도 비행사 비르와 파키스탄 여성 자르의 국경과 종교를 넘은 20년의 사랑을 다룬 로맨스 영화다. 이들 영화에서는 인도-파키스탄 사이의 국경 분쟁과 힌두-이슬람 종교 갈등을 영화적 소재로 끌어들이지만, 인도 정부가 평화적 해결을 주도하고 힌두교의 평화 정신을 강조하는 시선이 개입하고 있다는 점에서 국가 이데올로기가 작동하고 있다고 볼 수 있다.

최근 발리우드 블록버스터 영화에서도 인도-파키스탄의 종교 갈등과 분쟁이 소재로 종종 활용된다. 〈피케이―별에서 온 얼간이〉에서 여주인공 자구와 사파라즈는 벨기에서 만나 서로 사랑하게 되지만, 자구의 아버지는 남자가 파키스탄인이라는 이유로 반대한다. 결국 자구는 아버지의 축복 속에 국가를 넘어선 위대한 사랑을 이룬다. 〈카슈미르의 소녀〉는 인도-파키스탄의 국가 갈등과 증오 문제를 정면으로 다룬다. 인도인 파완이 파키스탄 소녀를 종교적 선의로 도와주려다 감옥에 갇히고, 국경 지역인 카슈미르에 양국 시민들이 모여 파완을 무사 귀환시키는 장면은 비현실적이지만 감동적이다.

이처럼 〈카슈미르의 소녀〉, 〈피케이―별에서 온 얼간이〉는 종교 갈등으로 갈라진 인도-파키스탄 분쟁을 비판하면서, 국가 통합 이데올로기와 힌두교 중심적 시선이 우세한 과거 발리우드의 전통과는 달리 보편적인 초종교적 휴머니즘의 시선에서 평화를 지향하는 관점이 비교적 많이 드러난다는 점에서 새로운 변화라고 할 수 있다.

국가 이데올로기의 옹호와 내면화 기능의 유지

인도는 28개 주와 7개의 연방 직할지로 구성된 연방 국가 체제를 표방하지만, 사실상 강력한 하나의 단일 국가 정책을 시행하고 있다. 인도 정부의 강력한 국가 통합 정책은 하나의 인도를 위한 단일한 문화 정체성에 중점을 두게 되었고, 영화 심의 제도나 영화 행정에도 이러한 정부의 의지가 반영되었다. 발리우드는 전통적으로 정부와의 밀접한 연계 속에 인도 주류 가치관인 힌두 정신과 국가 통합 이데올로기를 옹호하는 역할을 수행해왔다.

정부와 영화계의 밀접한 상호 관계는 영화 검열 제도에서 여실히 드러난다. 현재 인도 영화 심의는 정보방송부Ministry of Information & Broadcasting가 주관하는 인도영화심의중앙위원회CBFC(Central Board of Film Certification)에서 담당하고 있다. CBFC는 뭄바이에 위치하고 있으며, 25명의 위원으로 구성되어 있고, 인도 내 상영되는 모든 국내외 영화에 대한 등급 심사를 전담한다. U(Unrestricted public exhibition) 등급은 공공 상영이 허가되는, 즉 과격한 장면이나 자극적인 장면이 없거나 경미한 전체 관람가 수준이며, U/A(Unrestricted public exhibition but with a word of caution that parental discretion required for children below 12 years) 등급은 12세 이상 관람가 수준이며, 12세 이하는 부모를 동반하면 볼 수 있다. A(Restricted to adult) 등급은 18세 이상 관람가 등급이고, S(Restricted to any special class of persons special) 등급은 상영을 제한하는 것을 말한다.

CBFC는 검열 대신 증명certification이라는 용어를 사용하고 있지만, 사실상 국가 이데올로기인 국가 통합과 힌두교 사회 윤리에 기반하여 영화를 심의하고 있다. 1952년 제정된 영화법The Cinematograph Act과 1983년 영화규정The Cinematograph Rules에 영화심의중앙위원회의 검열 기준The principles for guidance in certifying films을 제시하고 있다. 인도 영화법에 '인도 주권과 국가 통합,' '국가 안보,' '외국과의 우호 친선 관계,' '공공질서,' '범죄 행위,' '사법 질서,' '명예 훼손' 등을 침해하지 않는 영화를 지향한다고 명시하고 있으며, 이를 위해 '사회 규범에 책임을 지는 영화,' '표현과 창작의 자유 보장,' '건전하고 건강한 가치를 가진 영화,' '가급적 모범적인 선량함을 지향하는 영화'를 심의의 목적으로 규정하고 있다. CBFC의 구체적인 검열 제도의 판단 기준은 아래와 같은 18개 조항으로 구성되어 있다. '반사회적 행위: 정당하지 않은 폭력성,' '범죄를 선동하는 말과 행위(아동 폭력, 장애인 조롱과 비난, 동물 학대 등),' '잔혹한 폭력과 공포,' '음주,' '마약 복용,' '외설과 음란행위,' '비속어와 은어,' '여성 폄하,' '선정성,' '인종 차별,' '미신,' '인도 주권과 통합,' '국가 안보,' '외국과의 우호 관계,' '공공질서 위반,' '사생활 침해와 사법부 무시' 등. 이러한 심의 기준 속에 인도는 U, U/A, A, S라는 네 가지 영화 등급 제도를 운영하고 있다.[35]

이처럼 인도 정부의 영화 정책은 '인도 주권과 국가 통합,' '국가 안보,' '공공질서 유지' 등을 중시하며, '사회 규범에 책임을 지는 영화,' '건전한 가치관,' '모범적인 선량함'을 담은 영화를 국가 이데올로기 수호 차원에서 권장하고 보호하고 있다.

발리우드 영화는 인도 전역을 대상으로 상영하는 공용어 힌디어 영화이기 때문에 인도 정부의 심사 제도와 가이드라인을 충실히 따르면서, 다민족, 다언어, 다인종, 다문화, 다종교로 구성된 연방 국가 인도의 국가 통합과 사회 규범 및 공공질서 유지를 내면화하는 주제 의식을 담아내며 인도 주류 영화를 자처해왔다. 최근 발리우드 블록버스터 영화에서도 이러한 국가 이데올로기가 여전히 견고하게 자리 잡고 있다. 〈카슈미르의 소녀〉에서 파완이 보여준 헌신은 휴머니즘이라기보다는 힌두교 윤리 의식에 충실한 것으로 보이며, 〈더 그레이트 서커스〉, 〈피케이―별에서 온 얼간이〉는 미국과 전 세계에서 활동하는 글로벌한 인도인의 모습을 곳곳에 배치하여 문화적 자부심과 애국심을 고취한다.

제한된 악습 비판과 사회 풍자

발리우드 영화는 전통적으로 종교적 악습이나 시대착오적인 관습을 비판하거나 풍자해왔지만, 주류 가치관을 내면화해온 발리우드의 특성상 체제의 근간을 이루는 힌두교 교리나 신앙에 대해서는 대체로 수용하는 양상을 보여왔다. 특히 사회 질서와 공공 윤리의 근간을 이루는 전통 관습에 대해서는 현상 유지의 관점에서 보수적으로 재현하는 경우가 많은데, 대표적인 사례가 카스트Caste 제도에 대한 묘사다.

인도 특유의 신분 제도인 카스트 제도는 인도에 들어온 포르투갈 상인들이 만든 용어로 가문 혹은 혈통을 의미하는 포르투갈어에서 유래했다. 카스트 제도는 아리아인이 인도를 정복한 후 다수의 피지배 계급을 통치하기 위해 시작된 제도로 알려져 있다. 전통적으로 인도인들은 피부색 또는 직업에 따라 승려 계급 브라만brahman, 군인·통치 계급 크샤트리아ksatriya, 상인 계급 바이샤vaiśya, 천민 계급 수드라sudra, 최하층 계급인 불가촉천민 등 바르마varma(색) 신분 제도로 사회가 유지된다고 믿었으며, 이러한 신분 제도에 기반하여 직업의 세습이나 혼인 금지 등 풍습이 만들어졌다. 특히 최상위 승려 계급인 브라만은 자신들의 기득권을 유지하고 자신들의 계급을 정당화하기 위해 푸루샤Puruṣa 신화를 전파했다. 태초에 푸루샤라는 인간이 있었는데, 그는 스스로 존재하는 자로서 여러 개의 베다 경전과 동물들을 만들었다. 이때 머리는 브라만, 두 팔은 크샤트리아, 배와 넓적다리는 바이샤, 두 발은 수드라가 되었다고 전해진다.[36] 20세기 이후 근대화와 민주주의 제도가 유입되면서 카스트 제도에 변화가 시작됐다. 마하트마 간디는 불가촉천민을 '하리잔Harijan'(신의 아들)이라 부르며 인권 보호에 앞장섰다. 보통 선거 제도 도입 이후 인구의 16퍼센트를 차지하는 불가촉천민의 불만과 목소리가 높아지자 헌법에서 '지정 카스트SC(Scheduled Castes)'를 도입하여 교육 기관 입학 시 15퍼센트 우선 할당제 등 기회의 공정을 명시했고, 1995년에는 불가촉천민 출신이 수상에 선출되기도 했다. 카스트 제도는 인도 연방 헌법 제15조 "인종, 종교, 카스트, 성별, 출생지 등에 의한 차별 금지," 제17조 "불가촉천민 제도의 폐지" 조항에 의해 법적으로는 완전 폐지된 신분 제도이지만, 아직까지 일상에서 여전히 강력한 윤리적 관습으로 영향력을 미치고 있다.[37]

발리우드 블록버스터 영화에서 카스트 제도를 소재로 삼거나 이를 비판하는 사례는 빈번하다. 〈피케이─별에서 온 얼간이〉는 브라만 계급인 힌두 사제가 무소불위의 종교 권력으로 서민들 위에 군림하는 현실을 정면으로 비판한다. 〈카슈미르의 소녀〉는 주인공이 카스트 제도를 일상에서 존중하고 수용하는 장면을 확인할 수 있다. 파완은 자신이 돌보는 샤히다가 "하얀색 피부이기 때문에 브라만 계급일지 몰라요"라며 기대감을 드러낸다. 발리우드 블록버스터 영화에서는 서민들의 삶 속에 깊이 박혀 있는 신분 제도인 카스트를 견지하려는 보수적인 영화와 현대적 관점에서 이를 비판하고 극복하려는 새로운 가치관의 영화가 공존하고 있다.

인도 사회에 존재하는 부정부패, 관료제의 병폐, 신분 차별 등 사회 문제에 대한 비판과 풍자를 담은 주제도 자주 등장한다. 〈피케이—별에서 온 얼간이〉에는 방송 기자 자구가 구치소를 찾아가 피케이를 만나려 하는데, 면회를 허락하지 않는 경찰관에게 몰래 돈을 주자 은밀히 들여 보내는 장면이 있으며, 피케이가 경찰관 복장을 입고 시장에 나타나자 사람들이 머리를 조아리며 돈과 음식을 공짜로 갖다주는 등 공권력과 관료의 부패상에 대한 풍자가 들어 있다.

이처럼 발리우드 영화는 부패, 관료제의 횡포 등 부당한 사회 문제에 대해서는 서민의 입장에서 비판의 칼날을 세우면서도, 카스트 제도와 같은 힌두교 주류 가치관이나 핵심적인 국가 이데올로기에 대한 비판의 수위 면에서 아직은 한계가 있다.

여권의 신장과 전통적 여성상 '파티브라타'의 존치

인도는 유사 이래 오랜 세월 동안 남성 가부장적 가치관이 사회를 지배해왔다. 고대 사회부터 인도인들은 남성은 신체적으로 강하고 성숙한 반면, 여성은 오염되기 쉽고 의지력이 결여된 약한 존재로 카스트의 수드라 계급과 동등한 지위로 규정되었다. 남성을 신처럼 모시고 순종하는 여성 배우자를 '파티브라타patibrata'라는 이상적인 여성상으로 제도화했다. 인도인들이 사랑하는 『라마야나』에서도 위협과 회유 속에서 정절을 지킨 왕비 시타를 이상적인 파티브라타로 묘사하고, 여성을 통제하고 성차별을 정당화하는 데 활용했다.

경제 발전과 민주주의의 성장은 인도 사회에서 여성의 지위에 대한 새로운 인식을 가져왔다. 1950년대부터 힌두 가족법과 혼인법이 개정되어 여성의 이혼과 재산 상속을 인정하고 일부다처제를 금지했으며, 1961년 여성의 결혼 지참금 제도를 공식 폐지했다. 1998년에는 의회 의석의 3분의 1을 여성에게 할당하는 법률이 제정되었으며, 현재까지 여성의 인권 신장과 권익을 위한 변화가 서서히 이루어지고 있다. 그러나 최근까지 결혼 지참금을 이유로 남편의 가족이 신부를 살해하는 사건이 벌어지고 있으며, 남편이 죽을 때 따라 죽는 사티 문화가 잔존하는 등 여성 차별 관습은 지속되고 있다. 인도 여성들은 가부장적 가치관과 싸우며 여성의 권리를 쟁취하기 위해 몸부림치고 있으며, 견고한 남성 가부장제에 서서히 균열이 일어나고 있다.

주류 가치관을 반영해온 발리우드 영화는 전통적인 남성 가부장제에 순종하는 여성을 이상적인 여성상으로 묘사해왔다. 실존했던 여성 의적을 다룬 영화 〈밴딧 퀸〉(1994)이 전 세계에서 주목을 받으면서 한때 인도 영화 속 여성 이미지의 변화가 기대되었지만, 발리우드 영화 속 여성은 여전히 가부장적 가치관에 복종하는 수동적 존재로 묘사되고 있다. 매력적이면서도 애인이나 남편에 순종하고, 현명하고 용감하지만 절대 나서지 않고, 사회적인 활동보다는 가족의 일에 종사하는 전형적인 여성 이미지가 바로 발리우드 여성 주인공이었다. 그러나 최근 발리우드 블록버스터 영화에서도 커져가는 여권이 반영되어 현대적이고 당당한 여성 주인공이 등장하고 있다. 특히 1990년대 중반 이후 문화 개방과 경제 발전이 성과를 보이면서 높아진 여성의 지위를 적극 반영하려는 발리우드의 새로운 움직임이 나타난다. 2011년에는 여성의 자유분방한 연애와 결혼을 다룬 〈타누 웨즈 마누Tanu Weds Manu〉가 인기를 끌었고, 2015년에는 이들 부부를 다룬 속편 〈타누 웨즈 마누 리턴즈Tanu Weds Manu Returns〉가 상영되어 여성 주인공 중심의 영화임에도 흥행에 성공한 바 있다. 반면 2014년 인도 중부 지역의 실존하는 여성 자경단을 다룬 〈굴랍 갱Gulaab Gang〉이 상영되어 조혼 풍습, 결혼 지참금, 가정 폭력 등 여성의 현실을 정면으로 다루었지만 흥행에는 참패한 상반된 현상도 있었다.

최근 발리우드 블록버스터 영화에서도 순종하는 전통 여성상과 주체적인 현대 여성상이 충돌하거나 모순적으로 혼용되어 있는 현상을 확인할 수 있다. 〈피케이─별에서 온 얼간이〉의 여주인공 자구는 높아진 여성의 지위를 그대로 보여준다. 자구는 유럽에 유학을 다녀온 전문직 방송 기자로서, 청바지를 즐겨 입고 활동적인 짧은 머리를 한 모습으로 자신의 주장을 당당히 펼치는 독립적이고 주체적인 여성상을 보여준다. 〈카슈미르의 소녀〉의 여주인공 라시카는 교사로서 무직인 남자 주인공 파완보다 경제적으로 우월한 위치에 있으며, 수동적인 파완에게서 적극적으로 구애를 이끌어내는 자기실현 의지가 강한 능동적인 여성상을 보여준다. 그러나 여주인공들의 위치와 역할을 영화 전체에서 살펴보면,

여전히 보조적이고 주변적인 인물에 머물고 있다는 공통점을 발견할 수 있다. 〈피케이―별에서 온 얼간이〉의 자구는 주체적인 여성으로 등장하지만, 마지막에 가서는 피케이에 의해 자신의 사랑을 되찾고 이에 감사하는 수혜자의 위치로 마무리된다. 〈카슈미르의 소녀〉에서 여주인공 라시카는 적극적인 에너지를 가진 능동적 여성으로 등장했지만, 중반 이후부터는 남자 주인공 파완의 의지를 존중하고 수동적으로 복종하다가 마지막에는 별다른 역할이나 비중 없이 파완의 무사 귀환을 바라는, 남성을 기다리는 전형적인 가부장제하의 여성상으로 마무리된다. 〈더 그레이트 서커스〉의 여주인공 알리아는 활동적이고 현대적인 여성이지만, 결국 남자 주인공 쌍둥이 형제 사히르와 사마르의 갈등을 부추기는 전형적인 팜 파탈femme fatal 역할에 한정되어 있다.

이처럼 최근 발리우드 영화에서는 이전에 찾아보기 어려웠던 주체적인 성격, 전문직, 서구적 패션을 갖춘 현대 여성상을 재현하여 인도 사회의 변화하는 시대정신을 담아내고는 있지만, 여권의 신장과 거센 도전 속에서도 여전히 가부장제의 이상적 여성상인 '파티브라타' 이미지를 존치시키는 경향을 보여준다.

세계 영화 시장을 향한 글로벌 재영토화

인도 영화는 자국 시장에서 90퍼센트 이상의 압도적인 점유율을 차지하고 있으며, 발리우드 또한 전통적으로 국내 관객들을 소구 대상으로 삼는 장르 영화를 반복적으로 재생산해왔다. 국내 시장 중심의 발리우드 영화가 글로벌 시대의 흐름을 반영하기 시작한 기점은 대체로 1990

년대 이후로 추정되며, 1995년 〈용감한 자가 신부를 데려가리〉를 이러한 흐름을 대표하는 새로운 인도 영화의 출현으로 본다. 이 영화는 영국의 인도 유학생 라즈(샤룩 칸 역)와 심즈의 사랑을 다룬 전형적인 로맨스물로, 이전까지 인도 영화에서 찾아볼 수 없었던 유럽 현지 촬영을 시도했고, 주제 면에서도 인도 전통문화인 중매결혼을 뒤집는 글로벌 시대 청년 세대의 새로운 사랑법을 내세웠다. 이후 인도 영화는 미국을 배경으로 하는 2010년 〈내 이름은 칸〉, 2012년 〈굿모닝 맨해튼〉 등 미국과 유럽을 로케이션으로 하는 영화들이 쏟아져 나오며 전 세계 시장에 상영되었다. 2010년 〈내 이름은 칸〉에는 무슬림인 주인공 리즈완이 미국 대통령 오바마를 만난 자리에서 "My name is Khan and I'm not a terrorist"라고 말하자 오바마 대통령이 "Your name is Khan and you are not a terrorist"라고 답하는, 종교와 문화 간 소통과 화해를 상징하는 인상적인 장면이 들어 있다.

앞의 영화에서도 글로벌 지향성은 분명히 드러난다. 〈피케이—별에서 온 얼간이〉에서 유럽에서 유학하고 있는 자구와 사파라즈는 벨기에에서 열린 인도 시인의 시 낭송회에서 처음 만나 유럽에서 사랑을 나눈다. 〈더 그레이트 서커스〉는 아예 미국 시카고에서 올 로케이션을 한 영화다. 주인공 사히르는 미국에 살고 있는 인도인이며, 사히르를 추적하는 국제경찰 또한 인도인으로 설정하여, 미국을 배경으로 제작한 본격적인 글로벌 지향형 발리우드 영화라 평가할 수 있다. 〈더 그레이트 서커스〉와 〈카슈미르의 소녀〉의 마살라 뮤지컬 신에서도 미국 대중문화인 힙합과 랩, 유럽의 요들송 등의 노래와 춤이 가미되었고 군무에 참여하는 댄서들도 흑인과 백인으로 구성되어 있다.

이러한 발리우드 블록버스터의 글로벌 지향성은 최근 미국 할리우드 영화의 인도 시장 진출 확대에 따른 위기의식과 세계 영화 시장으로 수익을 확장하려는 인도 영화 산업계의 욕망과 관련이 있어 보인다. 2019년 인도에 할리우드 영화는 108편이 개봉되었고, 전년도 대비 33퍼센트나 증가한 160억 루피의 극장 매출을 기록했다. 특히 〈어벤져스—엔드 게임Avengers: Endgame〉은 인도 전역에서 각 지역 언어로 더빙 버전을 제공하는 현지화 방식으로 개봉되어 흥행 돌풍을 일으키며 43억 루피라는 2019년 최고 극장 매출액을 기록했다. 전통적으로 자국 영화가 흥행을 주도하던 인도 영화 시장에는 상당히 이례적인 흥행이라 평가할 수 있다. 최근 미국 할리우드 영화의 인도 시장 진출 확대에 따라 국내 시장에서 경쟁력을 강화하고, 국내를 넘어 국제 영화 시장으로 수익을 확대하기 위해 글로벌 진출을 확대하는 병진 전략이 진행되고 있다.

2013년 북미 지역 비영어권 박스오피스 순위에서 〈더 그레이트 서커스〉가 3위, 〈첸나이 익스프레스〉가 4위, 〈디스 유스 이지 크레이지Yeh Jawaani Hai Deewani〉가 5위, 〈람릴라Goliyon Ki Raasleela Ram-Leela〉가 6위, 〈슈퍼 히어로 크리시 3〉가 9위 등 무려 다섯 편의 인도 영화가 외국 영화 흥행 상위권에 포진하고 있다. 2015년에는 〈피케이—별에서 온 얼간이〉가 1위(1061만 달러), 〈더 그레이트 서커스〉가 2위(803만 달러), 〈카슈미르의 소녀〉가 3위(735만 달러), 〈첸나이 익스프레스〉가 4위(530만 달러), 〈런치박스The Lunchbox〉가 5위(423만 달러)를 차지하고 있다.[38] 최근 발리우드 블록버스터 영화들이 인도 국내 영화 시장뿐 아니라 북미 지역 비영어권 영화의 박스오피스 상위권에 오른 현상은 발리우드 영화의 글로벌 영화 시장 공략이 일정한 성과를 거두고 있음을 방증한다.

또한 세계 영화 시장 2위인 중국 시장으로의 진출도 활발하다. 21세기 세계 경제 시장을 주도할 두 나라인 중국과 인도를 합친 친디아Chindia라는 신조어는 최근 인도 영화와 중국 영화의 확대되는 교류가 갖는 의미에도 그대로 적용되고 있다. 2019년 인도 영화의 해외 진출 매출액 통계를 보면, 중국 31퍼센트, 북미 23퍼센트, 걸프 지역 19퍼센트 등으로 중국이 해외 진출에서 제일 큰 비중을 가진 국가라는 사실을 알 수 있다.*

글로벌 지향형 발리우드 블록버스터 영화들이 오히려 자국 시장에서 관객들의 환영을 받으면서 최고의 흥행을 기록하는 현상은 아이러니하다. 발리우드가 글로벌 상업 영화를 지향할수록 인도 고유의 영화적 색채와 문화 정체성은 점점 소멸해가는 역설적 현상도 나타나지만, 국내 관객들은 글로벌한 인도 영화에서 오히려 문화적 자부심과 대리 만족적 성취감을 느끼며 환영하고 있기 때문이다. 예컨대 〈더 그레이트 서커스〉에서 미국 시카고에서 활약하는 인도계 미국인과 이를 추적하는 인

---

* 2015년 중국에서 개봉된 인도 영화 현황을 보면, 1979년 〈아와라Awaara〉가 중국에 처음 개봉된 이래 2002년 〈라가안〉이 인기를 끌었고 2012년에 〈세 얼간이〉, 〈내 이름은 칸〉, 2013년에 〈첸나이 익스프레스〉, 〈슈퍼 히어로 크리시 3〉, 〈더 그레이트 서커스〉, 2015년에 〈해피 뉴 이어〉, 〈피케이—별에서 온 얼간이〉 등이 개봉되어 흥행 몰이를 했다. 역대 인도 영화의 중국 시장 흥행 순위는 〈피케이—별에서 온 얼간이〉가 1위(1675만 달러), 〈더 그레이트 서커스〉가 2위(300만 달러), 〈세 얼간이〉(220만 달러)가 3위, 〈해피 뉴 이어〉가 4위(50만 달러), 〈내 이름은 칸〉이 5위(71만 달러)다. 영화진흥위원회, 「통신원 리포트: 2016~2017년 발리우드와 인도의 지역 영화 시장」, 21쪽; 영화진흥위원회, 「통신원 리포트: 2019년 인도 영화산업 결산」(2020), 12쪽.

도 국제경찰의 활약상은 인도 영화를 찾는 북미의 관객뿐 아니라, 국내 관객들에게 세계 속에 진출한 자랑스러운 인도 문화와 인도인들에 대한 애국적 자부심을 자극한 것으로 보인다. 이처럼 해외 영화 시장으로 진출하려는 발리우드와 새로운 영화를 기대하는 인도 관객 사이의 욕망이 일치하기 때문에, 앞으로도 글로벌 영화 시장을 지향하는 발리우드 영화가 지속적으로 늘어날 것으로 전망된다.

(6) 발리우드 블록버스터의 미래―전통의 변용과 글로벌 재영토화를 향한 새로운 여정

지금까지 2013년부터 2015년까지 인도 영화 시장에서 최고의 흥행을 기록한 발리우드 블록버스터 영화를 살펴보았다. 전통적인 발리우드는 쉽고 재미있는 해피엔드 서사 구조, 관객들의 현실 도피적 대리 만족, 뮤지컬 신과 오락성, 주류 이데올로기의 옹호 등 다양한 영화 요소가 조화를 이루는 마살라 영화 양식을 유지해왔다. 하지만 이 장을 통해 확인한 바와 같이 최근 발리우드는 블록버스터 영화를 중심으로 변화하는 인도 사회의 가치관과 글로벌 취향을 반영하는 새로운 변신을 시도하고 있다.

먼저 영화 미학적 특징으로는 카타르시스 단계를 갖춘 전형적인 상업적 서사 구조 계승, 마살라 뮤지컬의 현대적 계승과 재해석, 마살라 혼합 장르의 고착화, 스타 배우를 활용한 스타 매니지먼트 등 마살라 영

화 양식의 고유한 전통을 재해석하고 변용을 시도하면서 글로벌 지향형 영화를 제작하는 경향을 보였다. 또한 주제 의식에 나타나는 새로운 동향으로는 힌두 정신과 탈종교적 휴머니즘의 모순적 공존, 인도-파키스탄 갈등 소재와 보편적 평화 정신의 부각, 국가 이데올로기의 옹호와 내면화 기능, 사회적 악습과 현실 사회 비판, 여권의 신장과 전통적 여성상 파티브라타의 존치, 세계 시장을 목표로 하는 글로벌 재영토화 등 주류 힌두 정신과 국가 이데올로기를 고수하면서도 보편적 휴머니즘 가치관과 상호 충돌하는 현상을 보이기도 한다.

이처럼 발리우드는 전통적 마살라 영화 양식의 계승과 현대적 재해석, 주류 힌두교와 탈종교적 휴머니즘, 인도 색채가 강한 로컬 영화에서 글로벌 영화로의 변용이라는 인도스러움의 재영토화 과정을 겪고 있다.

최근 발리우드의 변용과 재영토화 현상은 인도 영화 생태계의 변화와 밀접한 관련이 있다고 본다. 그것은 국가-영화 산업-대중이라는 세 주체가 빚어내는 욕망의 3중주에 기인한 것으로 보인다. 발리우드는 전통적으로 '인도라는 이름으로the name of India' 국가 통합, 단일한 문화 정체성, 힌두 정신을 강조하는 국가 이데올로기를 옹호하는 주류 영화로서 기능해왔고, 동시에 영화 산업 수익을 극대화하려는 시장의 욕망 속에 끊임없이 변신을 시도해왔다. 최근에는 글로벌화의 가속화와 경제 발전에 따라 달라진 대중들의 욕망과 취향에 맞춰 장르 양식과 주제의 변용이 불가피해졌다. 강국으로 부상하려는 국가적 욕망과 글로벌 영화 시장 개척을 지향하는 영화 산업계의 공통된 이해관계는 글로벌 지향형 영화라는 새로운 발리우드 영화의 탄생을 촉발시켰으며, 동시에 전통 가치관에 도전하는 새로운 관객층의 욕망을 수용해야 하는 변화의 기로에 직면하게 되었다. 그 결과 발리우드는 전통의 변용transformation 과 글로벌 재영토화reterritorialization라는 시대적 화두 속에 새로운 변화상을 보이고 있다. 따라서 현재의 발리우드 블록버스터 영화는 정부의 국가 이데올로기, 글로벌 영화 시장을 지향하는 영화 산업계, 변화하는 대중의 취향 등 국가 이데올로기-영화 산업-대중(관객) 삼자 간 욕망이 유기적으로 결합된 결과라 할 수 있다.

  인도는 13억 인구의 탄탄한 국내 영화 시장과 열렬한 관객층을 가지고 있으며, 유구한 역사 속에 형성된 풍부한 신화와 원형 콘텐츠, 그리고 높은 연출력과 우수한 배우를 보유하고 있는 영화 대국이다. 최근 인도 주류 영화인 발리우드는 글로벌 시대에 발맞춰 '로컬 영화'에서 보편적인 '글로벌 영화'로의 변환을 시도하고 있다. 인도 전통의 색채를 가진 로컬 영화에서 보편적인 글로벌 영화로의 변환은 시대적 문화 조류를 수용하면서 국내 시장 중심의 영화 지평을 넓히고 재영토화를 시도한다는 점에서 미래 지향적이다. 반면 과도한 보편성으로의 전환은 인도 사회의 현실에 대한 회피와 비판 의식의 약화로 이어질 수 있으며, 인도 문화가 가진 독특한 특색이 보편성이라는 이름의 무국적, 무정형적 색채로 변모하며 문화 정체성이 약화되는 문제점이 생길 가능성도 있다. 로컬 영화에서 글로벌 영화로 나아가면서도 인도 특유의 양식과 정체성이 성공적으로 담긴 '글로컬 인도 영화glocal India cinema'를 어떻게 담보해낼 것인지가 향후 발리우드 블록버스터 영화에 남겨진 시대적 과제다.

3장   새로운 발리우드,
      '뉴 발리우드 시네마'의
      부상

1. 청년 감독과 '뉴 발리우드 시대'―마니시 샤르마 감독을 중심으로

(1) 발리우드 청년 감독 마니시 샤르마

이 장에서는 발리우드 신진 청년 감독의 등장과 활약을 통해 발리우드의 새로운 동향과 미래를 살펴보려 한다. 이를 위해 최근 발리우드에서 왕성한 활동을 하고 있는 감독이자 발리우드의 미래를 열어갈 주역으로 평가받고 있는 마니시 샤르마Maneesh Sharma 감독의 작품과 활동을 연구 대상으로 살펴보고자 한다.

마니시 샤르마 감독은 1980년생으로 인도 발리우드에서 10년 이상 활동 중인 대표적인 발리우드의 감독이다. 샤르마 감독은 델리에서 출생하고 성장하며 대학을 졸업했으며, 미국 유학을 거쳐 뭄바이 발리우드 최대 영화사인 야시라지 영화사Yash Raj Films(YRF)를 기반으로 지금까지 〈웨딩 플래너스Band Baaja Baaraat〉(2010), 〈레이디스 vs. 리키 바흘Ladies vs. Ricky Bahl〉(2011), 〈어 랜덤 데시 로맨스Shuddh Desi Romance〉(2013), 〈샤룩 칸의 팬Fan〉(2016) 등 네 편의 장편 영화를 연출했으며, 〈아내 업고 달리기Dum Laga Ke Haisha〉(2015)를 제작한 감독이다. 이 장에서는 샤르마 감독과 그의 작품 분석을 통해 최근 발리우드의 새로운 동향을 살펴보고, 발리우드 신진 감독들이 변화하는 영화 환경 속에서 어떠한 새로운 도전과 변화를 모색하고 있는지를 규명하고자 한다.

이 글을 위해 '작가 구조주의'와 '문화 연구' 두 가지 층위의 방법론을 도입했다. 먼저 작가 구조주의는 감독의 위상과 세계관, 스타일을 중시하는 프랑스 누벨바그 영화의 작가주의를 지양하고 감독의 존재를 사회 구조 속에 위치 짓고 사회 약호들의 조정자이자 재현자로 간주하는 관점을 말한다. 스탐Robert Stam에 의하면, "작가 구조주의는 개성에 대한 숭배를 약화시키고 작가를 초개인적인 약호들(신화, 도상, 장소)의 조정자로 간주한다." 작가 구조주의는 작가를 특정한 사람이 아니라 구조적 구성물로 간주하고, 구조적 대립 항을 찾아 반복적으로 등장하는 양식적 특징과 주제의 의미를 파악하려는 시도다.[39] 이러한 작가 구조주의 방법론은 샤르마 감독을 단순히 뛰어난 작가 감독으로 간주하는 차원을 넘어, 발리우드 산업 시스템과 감독의 긴장 관계 및 사회 현실과의 유기적 관계를 분석할 수 있는 방법론을 제공할 것이다.

동시에 '문화 연구' 방법론을 통해 샤르마 감독과 그의 작품들이 당대 인도 사회와 맺는 사회적 관계망과 그 의미를 규명해보고자 한다. 문화 연구 방법론은 영화, TV 드라마 등 미디어 담론discourse에 나타나는 인종, 젠더, 계급, 문화 정체성에 주목하여 그 속에 발생하는 갈등과 타협의 문화 현상을 연구하는 방법론이다. 문화 연구는 영국의 스튜어트 홀Stuart Hall과 버밍엄대학 현대문화연구소Birmingham Center for Contemporary Cultural Studies(BCCCS)를 중심으로 알튀세Louis Althusser, 그람시Antonio Gramsci 등의 후기 마르크스주의를 연구하며, 계급 체계가 가진 지배 이데올로기와 억압에 주목하며 실천적 사회 변혁과 문화적 요인을 규명한다. 특히 자메이카 출신의 흑인 홀은 문화 연구가 단순한 학술 활동이 아니라 정치적 '운동'의 일환이라 주장한다. 이와 같은 문화 연구는 마니시 감독의 주제 의식에 드러나는 힌두 종교 윤리, 젠더와 여성, 이데올로기 등 다양한 문화적 갈등 요인을 분석하고 그의 작품들이 인도 현실과 발리우드 전통 영화들 사이에 실천적으로 개입하는 콘텍스트적 특징이 무엇인지를 규명하는 이론적 토대가 될 것이다.[40]

따라서 작가 구조주의 이론으로 샤르마 감독의 예술 세계와 영화 철학을 구조적으로 분석하고, 문화 연구로 당대 인도 사회 현실과 맺는 사회 맥락적 의미를 규명하는 두 가지 층위의 교차 분석을 방법론으로 도입하여, 이를 통해 샤르마 감독과 그의 작품이 기존 발리우드 영화를 넘어 어떠한 새로운 변화와 도전을 모색하고 있는지를 규명하는 것이 이 장의 궁극적 목적이다.

샤르마 감독과 발리우드의 새로운 변화라는 주제를 위해 먼저 국내외 선행 연구를 비롯한 1차 문헌 자료를 조사했으며, 『타임스 오브 인디아』, 『힌두스탄 타임스Hindustan Times』 등 현지 언론에 실린 감독과 관련한 기사를 조사했다. 또한 그의 영화 네 편을 구체적 연구 대상으로 설정하여 심층 분석shot-by-shot을 통해 영화 미학과 주제 의식의 특징을 추출했다. 특히 2018년 2월 인도 발리우드에 있는 야시라지 영화사를 직접 방문하여 샤르마 감독과 심층 인터뷰를 진행했다. 2월 뭄바이 방문

당시 샤르마 감독은 차기 작품을 기획하고 있어 매우 바빴던 터라 사전에 수차례에 걸친 이메일 인터뷰를 진행했고, 2월 24일 뭄바이 야시라지 영화사 1층에서 간단한 샌드위치를 곁들인 네 시간의 심층 인터뷰를 진행했다. 바쁜 와중에도 시간을 내어 제작자와 조연출을 소개해주는 등 다양한 인터뷰를 할 수 있었다. 이 현지 조사는 이 연구에 직접적인 도움이 되었으며 감사의 마음을 전한다.

이 장에서는 샤르마 감독의 작품과 심층 인터뷰를 중심으로 분석하며, 샤르마 감독의 영화 미학과 주제 의식이 발리우드 전통 영화와 어떠한 차별성이 있는지 분석할 것이다. 또한 현재 발리우드 영화가 직면하고 있는 문화 개방, 관객 기호의 변화, 영화 산업 구조 변화 등 새로운 영화 환경이 인도 영화에 미치는 영향을 살펴보고자 한다.

(2) 샤르마 감독의 영화 여정

샤르마 감독은 1980년생으로 인도 델리에서 출생하고 자랐으며, 델리대학 한스 라지 칼리지Hans Raj College에서 영문학을 전공했다. 기술 전문직 아버지와 가정주부인 어머니를 둔 중산 계층 가정에서 성장했다. 아홉 살 위의 친형은 MBA 과정을 마치고 대학 교수로 일하고 있다. 샤르마 감독 표현을 빌리면, "인도 중산층의 학구적인 가정the middle-class academic family에서 자랐으며, 영화계로 진출한 사람은 집안에서 자기뿐"이라고 말한다. 샤르마 감독은 여섯 살 때 연극 무대에서 뮤지컬을 보며 영화에 빠져들었고, 발리우드 영화광으로 자라며 영화감독이 되는 것을 꿈꿨다. 델리에서 대학을 마친 후, 본격적인 영화 공부를 위해 미국 캘리포니아예술대학California Institute of Arts으로 유학을 다녀왔다.

"어릴 적부터 수많은 발리우드 힌디 영화를 보면서 영화감독을 꿈꾸었다"는 감독의 술회처럼 발리우드에서 영화감독이 되기 위해 유학에서 돌아와 뭄바이로 이주했다. 2006년 발리우드의 최대 영화사인 야시라지 영화사 회장이자 〈용감한 자가 신부를 데려가리〉의 감독인 아디티야 초프라와 인연을 맺게 되면서, 지금까지 야시라지 영화사와 함께 활동하고 있다. 샤르마 감독은 아디티야 초프라를 처음 만난 자리에서 자신의 시나리오 〈샤룩 칸의 팬〉을 영화화할 것을 제안했고, 초프라 감독은 좋은 시나리오라며 최종 단계로 발전시키기 위해 필요한 준비 기간 동안 다른 작품의 조연출과 제작을 제안했다. 샤르마 감독은 이 제안에 따라 〈아자 나칠레Aaja Nachle〉, 〈그 남자의 사랑법Rab Ne Bana Di Jodi〉의 조감독 생활을 했고, 드디어 2010년 자신의 시나리오를 바탕으로 한 장편 데뷔작 〈웨딩 플래너스〉를 연출했다. 그의 데뷔작은 아디티야 초프라 회장이 직접 제작을 맡았고, 지금은 최고의 스타가 되었지만 당시에는 신인이었던 란비르 싱Ranveer Singh과 아누시카 샤르마Anushka Sharma를 주인공으로 캐스팅하여 그해 흥행은 물론 인도의 권위 있는 영화상인 필름페어영화상Filmfare Award에서 신인감독상을 수상하는 등 평단에서도 호평을 받았다.

2011년에는 전작의 주인공 배우들을 그대로 캐스팅한 두 번째 영화 〈레이디스 vs. 리키 바흘〉을 연출했고, 2013년에는 세 번째 영화 〈어 랜덤 데시 로맨스〉를 연출하며, 발리우드의 대표적인 장르인 로맨틱 코미디를 연출했다. 2015년에는 독립 영화 출신인 사라트 카타리야Sarat Katariya 감독의 〈아내 업고 달리기〉의 제작을 담당했고, 내셔널 필름 어워드National Film Awards*에서 최고힌디어영화상Best Feature Film in Hindi을 수상했다. 2016년에는 인도 최고의 스타 샤룩 칸을 주인공으로 캐스팅하여 오랫동안 자신이 구상하고 시나리오를 쓴 스릴러 영화 〈샤룩 칸의 팬〉을 연출했다. 그는 현재 발리우드 야시라지 영화사를 중심으로 영화감독, 시나리오 작가, 영화 제작자 등을 겸하며 활발히 활동하고 있다.

    샤르마 감독은 기본적으로 영화를 사랑하는 시네필이자, 음악과 뮤지컬이 있는 발리우드 영화를 아끼는 감독이다. "나는 모든 종류의 영화를 사랑한다. 스티븐 스필버그, 퀜틴 타란티노Quentin Tarantino가 나에게 큰 영향을 미쳤으며, 찰리 채플린Charlie Chaplin을 좋아하며 뮤지컬을 사랑한다. 나를 흥분시키고 나에게 가장 중요한 것은 영화를 만드는 것이다"라고 말한다. 동시에 청년 감독으로서 인도 청년 세대의 정체성과 가치관을 영화 속에 구현하며, 발리우드 전통을 변용하고 현대적 시선에서 관습을 재영토화하는 '뉴 발리우드 청년 영화' 시대를 열어가고자 갈망한다.

    다음 절에서는 지금까지 그가 연출한 네 작품을 소개하고 구체적으로 분석하고자 한다.

---

* 인도국제영화제International Film Festival of India에서 해마다 발표하는 인도 최고의 영화상.

(3) 샤르마 감독의 대표작

〈웨딩 플래너스〉(2010)

이 영화는 2010년 미국 유학을 마치고 발리우드에서 활동을 시작한 샤르마 감독의 장편 데뷔작이다. 란비르 싱이 첫 주연을 맡은 작품이기도 하다. 시퀀스에 따른 서사의 분절과 줄거리는 다음 쪽과 같다.

영화의 내러티브는 전형적인 로맨틱 코미디 장르의 공식을 따른다. 발단과 전개 단계는 두 사람의 우연한 만남으로 시작하고, 오해로 인한 갈등을 겪은 후, 결국 서로의 사랑을 확인하는 해피엔드로 끝난다. 〈웨딩 플래너스〉는 두 사람의 우연한 만남, 사랑, 오해와 갈등, 화해와 해피엔드로 이어지는 로맨스 장르의 보편적 서사 공식에 충실하다. 영화는 두 남녀의 티격태격하는 다툼을 포함한 스크루볼 코미디screwball comedy 양식을 활용하고 있으며, 로맨틱 코미디 장르의 원형으로 알려진 할리우드 영화 〈어느 날 밤에 생긴 일It happened One Night〉(1934, 프랭크 카프라 Frank Capra 감독)과 매우 흡사한 구조를 가지고 있다.

영화는 로맨스 영화답게 젊은 관객층이 선호하는 요소를 전면에 배치한다. 빠른 템포의 영화 주제곡과 화면 전환을 반복적으로 사용하며 역동적인 구성과 편집을 보여주며, 키스 신과 과감한 베드 신을 배치한다. 성벽 언덕의 키스 장면 등 젊은 관객층이 좋아하는 낭만적인 공간이 영화적 배경으로 나온다.

영화는 마살라 양식의 뮤지컬 신을 다섯 개 배치한다. 여주인공을 소개하고 그녀의 매력을 보여주는 프롤로그 장면, 두 남녀의 사랑과 데이

■ 〈웨딩 플래너스〉

① **프롤로그** 비투와 스루티 두 대학생이 뮤지컬 신으로 대학 생활과 꿈을 노래한다.

② **첫 만남** 결혼식장에서 친구를 따라 놀러 온 비투는 웨딩 플래너 여대생 스루티와 만난다.

③ 비투는 스루티에게 첫눈에 반해 찾아간다. 스루티는 최고의 웨딩 플래너를 꿈꾸고 있고, 비투는 고향으로 돌아오라는 아버지의 권고를 뿌리치고 스루티와 함께 웨딩 플래너 일을 시작한다.

④ 두 사람은 '샤디 무바라크'라는 결혼 대행 업체를 창업한다.

⑤ 두 사람은 재벌 가문의 결혼식이라는 큰 프로젝트를 성공적으로 마친 후 파티를 열고, 술에 취해 돌발적으로 섹스를 나눈다.

⑥ **갈등 1** 두 사람은 섹스 후 친구냐 연인이냐, 동업자냐 사랑이냐를 놓고 갈등하다 헤어진다.
⑦ 갈라선 두 사람은 각자 파산하고, 호텔 재벌가의 결혼 의뢰 장소에서 다시 만나 공동으로 결혼식을 준비하면서 신뢰를 회복한다.
⑧ **갈등 2** 재벌의 결혼식 성공 이후, 스루티는 두 달 후 두바이에 있는 체탄과 결혼할 것이라고 말한다. 비투의 진심과 사랑을 알게 된 스루티는 체탄과의 결혼을 취소하고 두 사람은 키스로 사랑을 확인한다.

트를 압축적으로 보여주는 장면, 섹스 후 어색해진 두 사람이 점점 심리적으로 멀어지는 과정을 담은 슬픈 노래와 춤, 두 사람이 사랑을 확인하는 결혼식장의 화려한 무대 공연, 그리고 에필로그에서 등장인물들이 무대 위에 나와 노래와 춤을 추는 마지막 장면이 그것이다.

〈웨딩 플래너스〉는 대학을 졸업한 인도 청년들이 일상에서 겪는 사랑과 일을 소재로 삼은 작품으로, 사회적 성공과 사랑을 모두 성취하려는 인도 청년 세대의 욕망을 그대로 담아내고 있다. 특히 과감한 성적 묘사와 섹스 이후 겪는 남녀의 심리적 갈등과 내면의 섬세한 표현은 청년 세대를 사실적으로 재현하면서 기존 판타지풍의 발리우드 로맨스 영화와는 다른 신선한 리얼리티 로맨스reality romance를 선보였다.

〈레이디스 vs. 리키 바흘〉(2011)

이 영화는 2011년 샤르마 감독이 연출한 두 번째 영화다. 데뷔작의 성공에 힘입어 전편의 주연 배우들인 란비르 싱과 아누시카 샤르마를 그대로 캐스팅한 야시라지 영화사 제작 작품이다. 이 영화로 신인이었던 남녀 주인공 란비르 싱과 아누시카 샤르마는 인도 최고의 스타로 떠올랐다. 영화는 바람둥이 사기꾼 남성에게 피해를 입은 세 명의 여성이 그를 찾아 복수하는 과정을 다루고 있으며, 그 과정에서 일어난 남녀 간의 사랑을 다룬 140분 분량의 로맨틱 코미디 장르 영화다. 시퀀스에 따른 서사의 분절과 줄거리는 다음 쪽과 같다.

영화는 외형적으로 로맨틱 코미디 장르의 내러티브를 그대로 따르고 있지만, 남성 사기꾼과 여성들의 복수극을 다루고 있다는 점에서 범죄 영화 장르 요소가 결합된 독특한 특징이 있다. 남성 범죄자가 사랑에 빠져 모든 것을 내려놓고 여성에게 돌아가는 마지막 결정은 다분히 낭만적이면서도 비현실적이다. 사기를 당한 여성들이 경찰에 신고하지 않고 사적 복수에 나선 과정이나 남성 범죄자가 한 여성을 사랑하게 되면서 진심으로 뉘우치며 회개하는 결말도 개연성이 떨어진다. 특히 남성 사기꾼이 사랑에 빠져 개과천선하는 해피엔드는 희화적이기까지 하다. 이 영화는 발리우드 로맨틱 코미디 장르의 전통적인 특징인 낭만적 로맨스와 해피엔드 공식을 그대로 따르는 영화라 요약할 수 있다.

영화에는 샤르마 감독의 장기인 흥겹고 비트가 강한 음악에 맞춘 빠른 화면 전환, 그리고 인도 고대 유적지와 멋진 자연 풍광을 볼거리로 하는 미장센이 등장한다. 또한 청바지에 선글라스를 낀 현대적 여성이

■ 〈레이디스 vs. 리키 바흘〉

① **프롤로그** 부자 부모를 둔 딤플(파르티니 초프라)은 근육질의 헬스 트레이너 서니에게 사기를 당한다.

② 뭄바이에 사는 커리어 우먼 라이나(디파니타 샤르마)는 회사 회장의 지시로 명작을 구입하려다 사기를 당한다.

③ 포목점을 하는 순진한 여성 사이라(아디티 샤르마)는 친절한 남성을 만나지만 결국 투자 사기를 당한다.

④ 같은 남성에게 농락당하고 사기를 당한 것을 알게 된 세 여성은 서로 연락하며 복수를 다짐한다. 이들은 매력적인 여성 점원 이시카(아누시카 샤르마)를 고용하여 사기꾼 릭키를 찾아 나선다.

⑤ 세 여성은 이시카를 재벌가의 딸로 위장한 후 고아의 해변에 살고

있는 릭키에게 접근하여 일부 돈을 되찾는다. 이시카는 점차 릭키와 만나며 진정한 사랑에 빠지게 된다.
⑥ **갈등** 릭키는 호텔에서 세 명의 이야기를 엿듣게 되고, 이를 역으로 이용하여 네 여성 모두를 속이고 사기를 친다.
⑦ 릭키는 세 여성 앞에 다시 나타나 돈을 돌려주며 자신과 이시카의 사랑은 진실이라고 밝히고 떠난다.
⑧ 가게 점원의 일상으로 돌아온 이시카 앞에 어느 날 릭키가 찾아오고 두 사람은 서로의 사랑을 확인하고 키스를 나눈다.

주인공으로 등장하고 있으며, 남녀 간의 스킨십 장면도 자주 나온다. 마살라 뮤지컬 신이 다섯 번 등장하는데, 프롤로그에서 남녀 주인공 캐릭터를 소개하는 장면, 그리고 극적 흥미를 고조시키고 관객들에게 재미를 제공하기 위한 엔터테인먼트 쇼로 등장한다. 결국 이 영화는 남성 범죄자에게 당한 세 여성의 복수극을 다루면서도 남자 주인공의 순수한 사랑과 낭만에 초점을 맞춘 전형적인 발리우드 로맨틱 코미디 장르 영화다.

〈어 랜덤 데시 로맨스〉(2013)

이 영화는 2013년 샤르마 감독이 연출한 세 번째 영화로, 야시라지 영화사 회장인 아디티야 초프라가 직접 제작을 맡았다. 전편 〈레이디스

■ 〈어 랜덤 데시 로맨스〉

① **프롤로그** 남자 주인공 라구의 사랑과 결혼에 대한 독백과 거리의 데이트하는 남녀를 보여주며 영화는 시작한다.

② 라구는 자신의 결혼식 때 체면을 세워줄 영어를 할 줄 아는 가짜 신랑 친구들과 가짜 여동생 가야트리(파리니티 초프라)를 버스 안에서 만난다. 라구는 가야트리와 대화를 나누다가 우연히 키스를 나누게 된다. 라구는 결혼식을 올리기 직전 확신이 서지 않아 결국 뒷담으로 도망친다.

③ 2주 후 가야트리는 라구를 찾아오고, 두 사람은 사랑과 섹스에 대해 얘기를 나누다가 하룻밤을 같이 보내게 되고, 이를 계기로 동거에 들어간다.

④ 갈등 1—불신 라구는 우연히 가야트리가 예전에 사귀던 남자의 아이를 임신했었다는 이야기를 듣고 싸우지만 다시 화해하고 결혼하기로 한다.

⑤ 갈등 2—도망 결혼식 직전 라구는 다시 결혼을 확신하지 못하고, 그 사이 신부 가야트리가 도망친다.

⑥ 라구는 결혼식 들러리 아르바이트에서 예전에 자신이 결혼식장에서 도망쳤던 신부 타라를 만나 데이트하고 섹스한다.

⑦ 갈등 3—삼각관계 라구와 타라가 사귀고 있을 때, 우연히 다른 친구의 결혼식장에서 라구, 타라, 가야트리 세 사람이 만난다. 라구는 진정한 사랑을 고민하고 결국 최종적으로 가야트리와 결혼하기로 한다.

⑧ 3일 뒤 라구와 가야트리의 결혼식 날, 신랑과 신부 둘 다 도망친다. 라구와 가야트리는 그날 저녁 예전에 동거하던 집 앞에서 다시 만나 진정한 사랑을 확인한다.

vs. 리키 바흘〉의 여주인공 파리니티 초프라Parineeti Chopra와 신예 수샨트 싱 라지푸트Sushant Singh Rajput가 주연을 맡았다. 자유분방한 인도 젊은이들의 사랑과 결혼을 사실적으로 다룬 150분 분량의 로맨틱 코미디 장르 영화로, 2013년 토론토국제영화제 갈라 프레젠테이션 섹션에 초청 상영되었다. 시퀀스에 따른 서사의 분절과 줄거리는 위와 같다.

영화 내러티브는 로맨틱 코미디 장르의 공식을 그대로 따르고 있다. 우연히 만난 두 사람은 첫눈에 반하고, 서로의 사랑에 대한 불신과 냉소 속에 티격태격 싸운다. 영화 속 갈등은 사랑과 결혼에 대해 확신을 갖지 못하는 젊은 연인의 심리적 갈등에서 기인하고, 결국 두 연인은 헤어진 이후 진정한 사랑을 깨닫고 다시 만나 사랑을 확인하는 해피엔드로 끝난다.

영화는 샤르마 감독이 즐겨 사용하는 '볼거리 미장센 전략'과 '과감한 노출과 베드 신'을 특징적으로 보여준다. 극장, 놀이공원, 시내가 보이는 전망 좋은 언덕 등 젊은 세대가 좋아하는 데이트 장소를 영화 공간으로 활용하고 남녀 간의 정사 장면을 과감히 삽입한다. 또한 영화 속에는 마살라 뮤지컬 신이 네 번 등장하는데, 두 사람이 사랑의 희열을 표현하는 장면, 갈등을 극복하고 행복한 감정을 표현하는 장면, 그리고 에필로그에서 등장인물들이 화려한 군무와 노래로 마무리하는 장면에서 영화의 극적 정서를 고조시키거나 카타르시스를 제공하는 기능을 수행한다. 특히 이 영화에서는 주인공이 방백으로 관객들에게 말하는 장면을 교차로 보여주며 두 사람의 내적 상황과 심리 상태를 솔직하고 직설적으로 보여준다.

영화는 가볍지만 자유분방한 인도 청년들의 사랑, 섹스, 결혼을 사실적으로 표현한다. 주인공 남녀는 첫눈에 반하고 섹스하고 또 서로 마음이 맞지 않으면 쿨하게 헤어지는 젊은 세대의 사랑 방식을 재현한다. 이들의 자유연애와 결혼을 중점적으로 다루면서 가문에 따라 중매결혼을 하는 인도 사회의 전통적인 결혼 관습을 비틀고 저항한다. 또한 결혼식에 영어를 사용할 줄 아는 아르바이트생을 고용하는 에피소드를 통해 허례허식에 가득 찬 인도의 결혼 문화를 비판한다. 특히 여주인공 가야트리는 전통적 여성상에 정면으로 도전하는 현대적인 여성을 상징하는 인물이다. 가야트리는 자신의 섹스 경험을 스스럼없이 말하고, 남자 앞에서 담배를 즐겨 피우며, 남자 주인공에게 섹스를 요구하는 능동적이고 주체적인 여성이다.

영화는 전통적인 발리우드 로맨스 영화의 양식과 해피엔드를 답습하지만, 젊은 세대의 솔직한 성적 욕망과 전통문화에 대한 비판을 주제로 다루고 있다는 점에서 새로운 감각과 시선을 선보인 청년 영화라 할 수 있다.

〈샤룩 칸의 팬〉(2016)

2017년 개봉한 샤르마 감독의 네 번째 영화로 시나리오와 연출을 직접 맡은 138분 분량의 스릴러 장르 영화다. 이 영화는 샤르마 감독이 미국 유학을 마친 2006년부터 구상해왔던 작품으로 감독의 개성이 가장 강하게 드러나는 영화다. 영화는 스타를 숭배하던 한 평범한 청년이 스타에 대한 집착이 지나쳐 광기로 돌변하여 결국 범죄를 저지르고 자살하고 마는 내용의 비극이다. 발리우드의 제왕이라 불리는 스타 배우 샤룩 칸이 스타와 광적인 팬을 오가는 1인 2역으로 열연했다. 이 영화는 발리우드 영화를 표방하고 있지만, 기존 발리우드에서 볼 수 없었던 사이코 스릴러라는 독특한 장르를 선보인 작품이다. 15억 루피(2052만 달러)의 제작비를 투입하여 18억 8000만 루피의 박스오피스를 기록하며 평이

■ 〈샤룩 칸의 팬〉

① 24세의 가라브 찬드라는 PC방을 운영하는 평범한 청년으로, 인도 최고의 스타 배우 아리안 칸나를 숭배하고 스스로를 칸나 주니어라 부를 정도로 광팬이다.
② 가라브는 아리안의 생일을 축하하기 위해 뭄바이로 달려가지만, 수많은 팬들 속에 묻히고 선물마저 부서진다.
③ 가라브의 숭배는 점점 광적으로 변하여 아리안을 비판하는 남자 배우를 납치하고 구금하여 사과문을 읽게 하고, 그 동영상을 인터넷에 올리지만 경찰에 잡혀가서 두들겨 맞는다.
④ 그로부터 12년 후 영국 런던의 극장에서 가라브는 가짜 아리안 행세를 하며 총을 빼앗고 난동을 부려 진짜 아리안이 누명을 쓴 채 경

찰서에 잡혀간다.

⑤ 크로아티아에서 열린 아리안 친구의 결혼식에서 가라브는 아리안 행세를 하며 신부를 성추행하고, 가라브로 인해 아리안은 여론의 뭇매를 맞는다.

⑥ 뭄바이에서 가라브는 아리안으로 행세하며 아리안 집으로 들어가 거실에서 트로피를 들고 행패를 피운다.

⑦ 아리안은 가라브의 고향을 찾아가 가라브를 잡지만, 그는 옥상에서 뛰어내려 자살한다.

⑧ 누명을 벗은 아리안은 다시 스타의 위상을 되찾지만, 그의 생일날 집 앞으로 모여든 수많은 팬들 사이에서 또 다른 가라브와 마주친다.

한 흥행을 거뒀다. 2017년 제21회 부산국제영화제 '아시아 영화의 창'에 초청 상영되었으며, 한국 영화 〈용의자〉(2013)의 오세영 무술 감독이 영화 속 크로아티아 액션 장면 촬영에 참여했다. 시퀀스에 따른 서사의 분절과 줄거리는 위와 같다.

이 영화는 샤르마 감독이 발리우드 전통 양식 속에서도 새로운 변화를 시도한 작품으로 평가할 수 있다. 샤르마 감독은 발리우드 최대 영화사의 제작 시스템에서 연출하고 있지만, 이 영화에서는 몇 가지 측면에서 자신만의 개성을 강하게 투영하는 새로운 변화를 시도했다.

먼저 스타 배우의 이미지를 영화 속 주인공의 이미지로 활용했다. 이 영화의 주인공은 인도 최고의 스타 배우 샤룩 칸이다. 그는 청년 가라브와 스타 아리안을 오가는 1인 2역을 열연했고, 20년 연기 경력을 가진 발리우드 제왕으로서의 진수를 보여준 샤룩 칸을 위한, 샤룩 칸에 의한, 샤룩 칸의 영화다. 이 영화에서는 현실에서 최고 영화 스타인 샤룩 칸의 이미지가 영화 속 주인공 스타의 이미지와 중첩되면서 기묘한 증폭 효과를 주었다. 샤룩 칸이라는 스타를 앞세운 스타 매니지먼트의 측면에서 발리우드 영화의 전통적 제작 방식을 계승했지만, 실제 스타를 주인공으로 기용하여 인도 사회의 스타 숭배 현상이 갖는 사회적 문제를 드러냈다는 점에서 기존 발리우드 영화와는 다른 사회성과 비판 의식을 보여주었다. 또한 영화 속에는 발리우드의 새로운 흐름으로 정착한 해외 로케이션 전략도 확인할 수 있다. 영국 런던, 크로아티아 두브로브니크 등 아름다운 자연 풍광을 담은 로케이션을 통해 볼거리 미장센을 강화하고 있다.

이 영화는 스타 배우를 신적 존재로 열렬히 숭배하는 인도의 대중과 문화를 정면으로 비판한다. 평범한 청년 가라브가 숭배하는 아리안 칸나는 단순한 배우가 아닌 대중들이 만들어낸 가짜 욕망의 세계이며 대리 충족의 기표다. 가라브의 욕망은 가난하고 비루한 현실 세계의 결핍에서 유래한 것이며, 결국 욕망은 광적인 추종과 동일시를 거쳐 대리 만족의 허상으로 분출된다. 가라브와 아리안은 인도 사회의 추종자와 숭배 대상을 각각 상징하는 인물이다. "스타의 문제를 나의 문제"로 바라보려는 추종자 가라브와 "너는 나의 팬이 아니다"는 숭배 대상인 아리안의 갈등은 인도 사회에 만연한 맹목적인 숭배 문화와 주체의 상실을 비판하는 장면이다.

〈샤룩 칸의 팬〉은 영화 장르로 볼 때, 발리우드 주류 장르 영화와는 다른 새로운 변화를 시도한 작품이다. 이 영화에는 발리우드의 트레이드 마크인 마살라 뮤지컬 장면이 나오긴 하지만 횟수는 다른 작품에 비해 현저히 적은 두 번에 그친다. 발리우드에서는 거의 제작하지 않았던 사이코 스릴러 장르 영화를 지향했고, 게다가 비극적인 결말까지 겹쳐놓아 대단히 어둡고 진중한 사회성 짙은 영화가 되었다. 이러한 특징은 전통적인 발리우드 영화에서 찾기 힘든 새로운 점이며, 샤르마 감독의 작가주의적 지향성이 강하게 투영된 것이다. 발리우드 야시라지 영화사의 제작 시스템 속에서 슈퍼스타를 주인공으로 내세운 대중 영화를 표방했지만, 샤르마 감독은 자신의 스타일과 사회적 메시지를 최대한 담으려는 새로운 변화를 시도한 것이다. 따라서 이 영화는 샤르마 감독의 작가성과 발리우드 제작 시스템 사이의 묘한 모순과 긴장감이 흐르는 독특한 영화라 할 수 있다.

(4) 영화 미학―발리우드 전통 양식의 계승과 현대화

샤르마 감독은 발리우드의 전통적 양식을 계승하면서도, 자신의 독특한 영화 스타일을 조금씩 적용하고 변용해나가는 새로운 시도를 하고 있다. 먼저 발리우드의 전통적 양식인 마살라 뮤지컬 신을 살펴보면, 발리우드 뮤지컬 장면은 보통 아래와 같은 순환 과정을 거친다. 1단계: 디제시스 속의 주인공의 노래와 춤→2단계: 판타지풍의 넌디제시스non-diegesis 군무→3단계: 다시 디제시스 속 주인공의 노래와 춤으로 순환하는 3단계 과정을 거친다. 일반적으로 발리우드에서는 영화 한 편에 5~7개 전후의 뮤지컬 장면을 삽입한다. 발리우드 영화를 말할 때 인도인들이 흔히 말하는 "영화에서 필요한 것은 한 명의 스타와 세 가지 춤, 그리고 여섯 곡의 노래"라는 말은 이러한 마살라 뮤지컬 장면을 특징적으로 상징하는 표현이다. 최근 발리우드 영화를 보면, 〈둠〉 시리즈의 아이슈와라 라이와 아미르 칸과 〈카슈미르의 소녀〉의 살만 칸 등 슈퍼스타 남녀 주인공이 매력적이면서도 강렬한 춤과 노래를 보여주며 관객의 만족도를 높이는 이른바 새로운 아이템 넘버 전략으로 활용되고 있다.

샤르마 감독은 발리우드 마살라 뮤지컬 신을 비교적 충실하게 계승한다. 〈웨딩 플래너스〉, 〈레이디스 vs. 리키 바흘〉, 〈어 랜덤 데시 로맨스〉에서는 평균 5회의 마살라 뮤지컬 신이 나오며, 남녀 주인공을 중심으로 노래와 군무가 등장하는 전통 양식을 그대로 따른다. 샤르마 감독은 뮤지컬 장면을 다음 네 가지 효과를 위해 사용한다. 첫 번째로 프롤로그와 주인공 등장 장면에서 캐릭터를 소개하고 설명하는 효과, 두 번째로 사랑에 빠지는 남녀 주인공의 로맨스 장면에서 사랑의 희열을 극대화하는 효과, 세 번째로 에필로그에 화려한 쇼 장면을 첨가하여 관객에게 볼거리를 주는 효과, 네 번째로 영화의 극적 흐름을 자연스럽게 연결하는 편집 효과를 부여하는 영화적 미학 장치로 활용하고 있다.

샤르마 감독은 〈샤룩 칸의 팬〉에서는 마살라 뮤지컬 신을 최대한 절제하며 디제시스 내부의 자연스러운 맥락 속에 최소한의 노래와 군무로 한정하고 있다. 앞의 세 편에서는 전형적인 발리우드 로맨스 장르 영화에 걸맞은 뮤지컬 양식을 활용했지만, 여기서는 탈뮤지컬 양식을 시도한다. 종교적 제례에 가까운 초현실적인 춤과 노래 양식을 대폭 줄이고 대신 사실성reality이 담긴 양식을 시도한다. 이는 판타지풍의 발리우드 전통 양식을 넘어서려는 새로운 변화다. 이러한 변화는 감독이 오랫동안 기획하고 직접 쓴 시나리오를 바탕으로 자신이 연출한 사실상 첫 영화라는 점에서 강렬한 작가적 욕구가 작용했기 때문이다.

둘째, 카타르시스 내러티브와 사마야스의 동일시 효과의 활용이다. 카타르시스 내러티브란 발단-전개-위기·절정-결말로 이어지는 점층식 서사 전개 속에 최고조에 달한 갈등이 해소되는 결말 부분에서 관객들이 카타르시스를 동반한 쾌감을 느끼는 서사 구조를 말한다. 이러한 내러티브는 할리우드의 고전적 내러티브에서 영화적으로 확립된 것으로 대중의 욕망을 만족시켜주는 '쾌락의 원칙principle of pleasure'을 관철하는 양식이다. 아리스토텔레스에 의하면 카타르시스란 원래 비극의 재현을 말하며, 연민과 두려움을 불러일으키는 극의 체험을 통해 감정이 순화되거나 깨끗해지는 일종의 정화 작용이다.* 예술 작품에서 카타르시스를 가능하게 하는 것은 독자나 관객이 극 중에 정서적으로 '참

---

* 카타르시스란 아리스토텔레스가 『시학』 6장에서 "비극의 재현은 연민과 두려움을 불러일으킴으로써 그러한 종류의 감정에 대한 카타르시스를 실현한다"고 비극을 정의하면서 언급된다. 일반적으로 정화 또는 배설의 의미를 가지며, 카타르시스에 의한 간접 체험이 도덕적 기능으로 작용한다. 아리스토텔레스, 『시학』, 김한식 옮김(펭귄클래식코리아, 2010), 142쪽.

여'하거나 '동일시'하는 효과에서 기인한다. 관객이 극 중 인물에 자신을 투사함으로써 감정을 이입하고 정서적으로 참여함으로써 카타르시스를 간접 체험하게 되는 것이다. 한편 발리우드 영화의 몰입과 동일시에 대해 김지석은 인도의 고전 미학인 사마야스 개념으로 설명한다. "인도의 영화 플롯은 고대 산스크리트 드라마에서 전통적 요소를 많이 따오고 있는데, 가족에 의해 지켜지는 도덕적 가치와 행복한 삶/방황과 타락이 대비되는 이야기, 현실 속의 사회가 이룰 수 없는 집단적인 꿈 등이 그것이다. 이러한 이야기는 할리우드의 멜로드라마만큼이나 관습적인데, 전형적인 동일화의 미학Aesthetics of identification, 즉 이야기 속의 등장인물과 관객의 감성을 일치시키는 특성을 지닌다. 이를 인도의 고전적 미학의 개념으로 '사마야스Samayas'라고 한다. 이야기 속의 각 에피소드는 결말 부분에 가서 카타르시스를 주는 절정에 이르게 되는데, 이는 대중의 보편적인 감성을 표현하는 데 효율적으로 사용하고 있다"고 주장하며, 인도 영화의 동일시 효과는 인도 전통 미학 사마야스의 개념과 닿아 있다고 분석한다.[41]

사마야스의 동일시 효과와 카타르시스 내러티브는 더 많은 관객을 유인하려는 발리우드 영화 산업계의 이해관계와 일치하면서 발리우드의 전형적인 내러티브 양식으로 자리 잡았다. 샤르마 감독의 작품은 이러한 기존 전통을 계승한다. 〈웨딩 플래너스〉 속 남녀 주인공은 돌발적 섹스 후에 빚어진 심리적 갈등을 결말에서 용기 있는 사랑의 고백으로 해소하고, 〈레이디스 vs. 리키 바흘〉 속 남자 주인공의 사기 행각이 빚은 불신의 갈등은 결국 남자 주인공의 진실한 사랑 고백에서 해소되며, 〈어 랜덤 데시 로맨스〉 속 두 남녀는 삼각관계에 빠져들다가 결말에서 진실한 사랑을 확인하고 고백하는 것으로 해소된다. 샤르마 감독은 발단-전개-위기·절정-결말로 이어지는 점층식 단계를 거치며 결말에서 폭발적으로 카타르시스를 분출하는 발리우드 공식을 충실히 따른다. 발리우드 관객들은 동일시 효과 속에 영화에 참여하면서 갈등의 해결 과정에서 카타르시스를 함께 즐기며 일종의 사회적 의식 같은 체험을 공유한다. 발리우드의 이러한 양식은 관객들에게 정화와 쾌락을 주는 순기능이 있지만, 판타지풍의 쾌락은 실제 사회 현실을 은폐하거나 현실 세계에서 도피하는 부정적인 효과를 유발하기도 한다. 감독은 발리우드 시스템 속에서 연출한 처음 세 작품 〈웨딩 플래너스〉, 〈레이디스 vs. 리키 바흘〉, 〈어 랜덤 데시 로맨스〉에서는 발리우드의 전통 양식인 카타르시스 서사 구조를 충실히 계승하고 있지만, 오랫동안 기획해온 자신의 영화라고 명명한 최근 영화 〈샤룩 칸의 팬〉에서는 뮤지컬 장면을 활용한 카타르시스 서사 구조를 활용하지 않는다. 노래와 춤이 어우러지는 몰입과 쾌락의 장면보다는 소외된 청년의 일상과 주변 환경을 있는 그대로 담담히 담아내는 사실주의 스타일로 대체하고 있다. 그 바탕 위에서 맹목적 숭배와 허위의식이 넘치는 인도 사회의 단면을 풍자하고 비판한다. 판타지 뮤지컬 장면은 현실 속 무대 공연 형식으로 대체되어 있고 에필로그에 부분적으로 노래와 춤이 등장할 뿐이다. 몽환적인 노래와 춤이 영화 분위기를 압도하는 전통적인 발리우드 양식을 부분적으로 계승하면서도 인도 사회 현실을 보다 충실히 재현하는 사실주의 스타일을 새로운 발리우드 양식으로 재현하려 시도한다.

셋째, 젊은 관객층을 겨냥한 볼거리 미장센 스타일spectacle mise-en-scene style의 활용이다. 샤르마 감독은 개방적이고 자유로운 가치를 추구하는 젊은 관객층을 겨냥한 다양한 볼거리 미장센을 영화에 도입한다. 〈웨딩 플래너스〉에서 두 남녀 주인공이 아름다운 고성의 네온사인 앞에서 키스를 하는 장면, 〈어 랜덤 데시 로맨스〉에서 놀이공원의 벽화 앞에서 남녀 주인공이 데이트하며 사랑의 희열을 만끽하는 장면, 그리고 화려한 결혼식 행사 장면 등 젊은 관객층이 선호하는 아름답고 낭만적인 공간을 곳곳에 배치하며 영화의 볼거리를 제공한다.

또한 〈레이디스 vs. 리키 바흘〉에서 비키니 수영복 차림의 관능적인 여주인공의 모습을 느리고 긴 화면으로 보여주거나 〈웨딩 플래너스〉와 〈어 랜덤 데시 로맨스〉에서 남녀가 섹스하며 희열을 느끼는 파격적인 장면을 느리게 보여주는 등 기존의 전통적인 발리우드 영화에서는 보기 어려운 과감한 노출과 정사 장면을 적극 배치한다.

특히 과감한 노출과 사실적인 정사 장면은 기존의 발리우드에서는 보기 어려웠다. 인도의 주류 가치관인 힌두 문화는 기본적으로 금욕적이며 성 윤리에 대해서도 엄격하고 보수적이다. 남녀유별에 근거하여 남성은 여성에게 성적 관심을 갖지 않도록 교육받고, 성행위에 대해서도 보수적으로 교육받는 것이 일반적이다. 이러한 힌두 문화에 입각하여 발리우드 영화에서는 정사 장면이나 키스 신은 되도록 배제되었으며, 누구나 볼 수 있는 전체 관람가 수준의 영화나 가족 중심의 영화를 지향해왔다. 인도 영화학자 카비타 카란Kavita Karan에 의하면, "발리우드 힌디 영화에서 과다한 성적 묘사는 거의 드물다. 왜냐하면 키스, 노출과 같은 표현은 국가에서 공식적·비공식적으로 금지하고 있기 때문이다"라고 그 이유를 설명한다.[42] 발리우드 영화에서 젊은 관객층의 취향과 욕망을 반영한 본격적인 키스 신과 베드 신이 등장한 것은 2000년대 이후다. 특히 2004년 야시 초프라 감독은 〈비르와 자라〉에서 낭만적이고 몽환적인 분위기가 아닌 사실적이면서도 농도 짙은 키스 신과 성애 장면을 등장시켜 청년 세대 관객층의 욕망과 문화 개방을 반영하는 새로운 방향성을 보여주었다. 샤르마 감독은 이러한 달라진 청년 세대의 욕망을 과감하게 반영하고 또한 개방적인 시선으로 힌두 문화의 엄격하고 보수적인 성 윤리와 전통을 넘어서려 시도한다. 야시 초프라 감독이 설립한 야시라지 영화사와 줄곧 작업하고 있는 샤르마 감독은 야시 초프라 감독의 선구적인 개척 정신과 도전 의식을 새롭게 이어받았다고 평가할 수 있다.

이외에도 빠르고 비트가 강한 영화 음악에 맞춰 빠르게 전개되는 편집 방식을 선호한다. 〈웨딩 플래너스〉와 〈어 랜덤 데시 로맨스〉에서는 주인공이 거리에서 이동하거나 차량으로 이동하는 장면, 장면이 전환되는 곳에서는 젊은 층이 선호하는 비트가 빠른 음악이 삽입되어 극의 전개에 속도감을 부여하고, 젊은 세대의 즉흥적이면서도 강렬한 사랑의 감정을 잘 표현해낸다. 또한 남녀 주인공이 혼전 섹스와 동거에 대해 카메라를 보고 관객과 직접 대화하는 방백 기법을 도입한다. 이러한 방백 기법은 관객이 등장인물의 이야기를 어두운 극장에서 몰래 엿보는 효과로 몰입하는 것을 차단하고, 관객에게 영화를 보고 있는 현실을 각성시키고 영화 속 문제에 대해 관객에게 질문하는 듯한 효과를 준다. 방백 기법은 어둠 속 엿보기와 몰입의 효과를 통해 몽환적이거나 은유적으로 사랑과 성애의 의미를 전달하던 기존 방식과는 달리 관객에게 직접적이고 솔직하게 질문하고 느낌을 전달하게 만든다.

샤르마 감독은 힌두 문화의 보수적인 성 윤리 속에 낭만을 강조하던 기존의 발리우드식 로맨스 장르에서 벗어나 솔직하고 대담한 대사와 파격적인 볼거리 미장센을 통해 개방적이고 진취적인 젊은 세대의 욕망을 영화 속에 그대로 재현하고 있다.

(5) 주제 의식—청년 세대의 정체성과 탈주의 욕망

샤르마 감독은 자신의 세대적 정체성을 바탕으로 청년 세대의 사회적 욕망과 현실 비판을 주제로 삼는다.

첫째, 인도 청년 세대의 욕망과 정체성을 지속적으로 재현하고 있다. 샤르마 감독의 데뷔작 〈웨딩 플래너스〉는 대학을 갓 졸업한 비투와 스루티가 웨딩 벤처 회사를 창업하고, 역경을 딛고 성공하는 과정과 그 과정에서 생겨난 순수한 사랑을 다룬다. 스루티는 회사 생활에서 상사의 배신과 여성으로서의 한계를 절감하지만 자신의 행복과 사회적 성공을 위해 열정적으로 일한다. 비투는 사랑하는 스루티를 위해 고향으로 돌아오라는 아버지의 권유를 뿌리치고 스루티와 벤처 기업을 창업하여 사랑과 사회적 성공을 동시에 이루기 위해 열심히 일한다. 이 영화는 청년 세대의 꿈인 창업, 성공, 출세 등을 소재로 삼아 그것을 향해 달려가는 남녀 주인공의 모습을 사실적으로 그려내면서 청년 관객층의 큰 호응을 받았다. 인도의 힌두적 가치관에 따르면 사회적 성공과 부는 인생의 중요한 목표다. 힌두 문화에서 돈은 거의 신적 존재에 가깝다. 기원전 2세기에 편찬된 『마누 법전』에 의하면, 인생의 목표로 다르마(종교적 생활 규범), 아르타(부), 카마(성애) 세 가지를 언급하고 있으며, 그중 제일 중요한 것은 아르타, 즉 돈이다.[43] 이처럼 힌두적 가치관은 돈과 사회적 성공을 인생의 기준으로 삼는 경향이 있다. 샤르마 감독은 인도 사회의 돈과 성공을 향한 욕망을 긍정적으로 바라보면서도, 청년 세대의 당당한 자립과 도전 정신을 강조한다. 〈웨딩 플래너스〉에서 남녀 주인공은 가업을 이어받아 안정적이고 풍요로운 부와 삶을 누리는 대신에 화려하고 발전해나가는 대도시에서 자립하고 도전하며 자신들만의 성공의 길로 나가는 진취적인 자세를 보여준다. 직장에서의 갑질과 성차별에는 당당히 맞서고 굴종하지 않고, 자신이 세운 성공과 목표를 향해 열정적으로 달려가는 청년 세대의 면모를 부각한다.

또한 샤르마 감독은 청년 세대의 섹스와 결혼에 대한 솔직한 고민과 문제의식을 영화 속에 표현한다. 특히 〈웨딩 플래너스〉에서 우발적 섹스 이후 두 주인공이 겪는 내면적 혼란과 사랑의 확신을 둘러싼 갈등은 기존 발리우드 로맨스 영화와 달리 사실적이면서 진지하게 묘사된다. 〈어 랜덤 데시 로맨스〉에서는 자유분방한 섹스, 혼전 동거, 결혼 문제를 정면으로 다루며 청년 세대의 사랑과 성적 욕망을 적나라하게 표현한다. 주인공 라구와 가야트리는 첫 만남인 결혼식 버스 안에서 키스를 하고, 육체적 끌림 속에서 섹스를 나누고 혼전 동거까지 한다. 이들은 혼전 임신 문제를 둘러싼 갈등을 겪다가 이별과 재회를 반복한다. 첫눈에 반해 곧장 사랑에 빠졌다가 맞지 않으면 쿨하게 헤어지는 젊은이들의 사랑 방식과 가치관을 사실적으로 보여준다. 샤르마 감독은 판타지풍의 로맨스를 강조하던 기존 발리우드 영화와는 전혀 다른 청년 세대의 의식을 사실적으로 재현한다.

둘째, 인도의 남성 가부장적 질서에 맞서는 주체적이고 현대적인 안티파티브라타 여성 캐릭터를 구현하고 있다. 〈웨딩 플래너스〉의 여주인공 스루티는 여성에 대한 사회적 편견과 맞서며 웨딩 업체를 창업하고 성공을 향해 달려가는 주체적인 여성이다. 우연히 남자 주인공과 섹스를 나눈 이후에도 종속적 위치에 머무르지 않고 주체적인 태도를 보인다. 자신의 사회적 성공과 행복을 꿋꿋이 추구해나가는 현대적이며 주체적 여성이다. 〈레이디스 vs. 리키 바흘〉의 여성 주인공들도 남성 주인공에게 농락당하지만 스스로의 의지와 노력으로 복수에 나선다. 〈어 랜덤 데시 로맨스〉의 여주인공 가야트리는 샤르마 감독의 여성 캐릭터 중 가장 현대적이며 주체적인 여성이다. 가야트리는 남성들과 맞담배를 피우며 섹스 경험에 대해 당당하게 표현하고, 마음에 드는 남자에게 먼저 혼전 동거를 제안하며, 동거 중에 확신이 들지 않으면 이별을 선언하고, 결혼식에서도 사랑에 대한 확신이 없으면 박차고 나가버린다. 가야트리는 자신의 성적 욕망과 행복을 위해 주체적이면서 자유로운 선택을 하는 현대적인 인도 여성상을 상징한다는 점에서 기존 발리우드에서는 찾아보기 어려운 여성 캐릭터다.

전통적으로 인도의 여성은 미약하고 남성의 보조적 존재로 취급되어

왔으며, 남성을 신처럼 모시고 순종하는 파티브라타 여성상을 이상향으로 여겨왔다. 남편에게 순종하고 복종하면 신의 축복을 받아 행복해질 수 있다는 힌두교 이념이 반영된 여성상이다. 이러한 남성 가부장 전통문화는 여성을 카스트 제도의 하층민 수드라 계급과 동등하게 여기는 이데올로기적 장치로 악용해왔다. 발리우드에서 여주인공은 남자 주인공에게 순종하며 정절을 지키는 전통적 파티브라타 이데올로기로 재생산되는 경향이 강했다. 여성 주인공은 전통적으로 남성의 보호를 받고 정절을 중시하며 신체를 노출하지 않는 캐릭터로 정형화되었다. 샤르마 감독은 이러한 여성 캐릭터를 전복적으로 재구성한다. 여주인공들은 대부분 성적 욕망과 사회적 성공을 추구하는 주체적인 여성들이며, 청바지와 선글라스, 셔츠 차림을 하고 전통적 관습에 맞선다. 이에 대해 인도의 영화학자 카비타 카란은 발리우드 영화에서 여성에 대한 이미지를 신화에 나오는 시타Goddess Sita와 같은 전통적 힌두 여성상, 주변화된 인도인marginalized Indian, 백인-인도인Anglo-Indian, 서구화된 인도인westernized-Indian으로 분류하면서, "21세기 이후 힌디 영화의 여성 주인공은 현대적이고, 교육을 잘 받고, 사회적으로 능수능란하고 섹시한 서구화된 인도인으로 점차 변하고 있다"고 새로운 동향을 분석한다.[44]

　샤르마 감독의 작품에서 여주인공은 남자 주인공의 보조적 위치가 아닌 동등한 지위를 가진 존재이며, 내러티브를 이끌어가는 주체적 역할을 수행한다. 샤르마 감독은 인터뷰에서 자신의 작품 속 여성상에 대해, "내 영화 속 여성 주인공들은 섹스를 주도적으로 하고, 담배를 피우고, 능동적으로 선택한다. 여성들은 훨씬 더 영리하고, 남성들은 거의 성장하지 않는다"고 말한다. 실제 샤르마 감독의 영화에 등장하는 여주인공은 전통적인 발리우드 영화 속 여주인공과는 다른 모습을 보인다. 〈웨딩 플래너스〉에서 여주인공은 돌발적인 사랑으로 자신의 목표가 흔들릴까 고민하다가 결국 당당히 홀로서기를 한다. 〈어 랜덤 데시 로맨스〉의 여주인공은 혼전 동거와 흡연에 대해서 개방적인 태도를 가지고 있으며, 남주인공과의 섹스에서도 주도적인 역할을 한다. 〈레이디스 vs. 리키 바흘〉의 여성 주인공들은 전통적인 현모양처형 여성들이었지만 남자 친구에게 사기를 당한 후 주체적인 자신의 모습을 찾아가며 복수한다.

샤르마 감독의 여주인공 캐릭터는 기존 발리우드에서 내세우던 전통적인 남성 가부장제 속의 현모양처형, 순종형, 의존형 여성과는 절연된 새롭고 독립적인 캐릭터라 할 수 있다. 이러한 주체적이고 개방적인 여성 캐릭터는 실제 인도 사회의 여성들의 삶과는 괴리가 있지만, 글로벌 세대인 20~30대 청년 관객층의 세태와 욕구를 반영하고 있다는 점에서 영화적 의미가 있다. 이처럼 샤르마 감독은 기존 발리우드 여성 캐릭터와는 다른 능동적이고 주체적이며 현대적인 안티파티브라타의 반反전통적 여성상을 새롭게 창조하여 인도의 남성 가부장 이데올로기에 균열을 일으키고 있다.

셋째, 인도의 전통 관습과 폐습에 대한 비판 의식이 투영되어 있다. 샤르마 감독은 〈웨딩 플래너스〉, 〈어 랜덤 데시 로맨스〉에서 결혼 문화를 둘러싼 전통적 관습을 정면으로 비판한다. 인도의 결혼 풍습은 가문과 돈이 교환 가치로 오가는 중매결혼이 일반적이며, 최근 통계에 의하면 95퍼센트가 중매결혼을 하고 있다고 알려져 있다.[45] 인도에서 결혼은 신성한 종교적 의무로, 산스크리트어로 비바하vivaha인 결혼은 종교적 의무를 완성하는 중요한 예식이다. 힌두교도들은 인생의 시기를 브라마차리아Brahmacharya(학생기), 그리하스타grhastha(가장기家長期), 산냐사Sannyasa(유행기遊行期), 바나프라스타Vanaprastha(은둔기) 네 단계로 나누는데, 그중 결혼은 두 번째 단계인 그리하스타 단계로 가정을 돌보고 자식을 낳는 것이 의무이며, 결혼하지 않으면 윤회도 할 수 없다. 힌두교에서 결혼은 개인의 선택이 아니라 가족과 소속된 계층(카스트)에 대한 의무로 수행된다. 인도의 혼인법에는 결혼식이란 종교적 헌신으로 분류되는 예배 의식이다. 보통 여성의 아버지가 결혼할 신랑을 친척, 광고, 결혼상담소 등을 통해 물색하며, 양가 부모가 동의를 하면 현행 형법에서는 금지된 결혼 지참금을 여성의 집안에서 치르고 결혼식을 진행한다.[46] 최근에는 문화 개방과 현대화 속에 젊은 세대를 중심으로 중매결혼보다 자유연애가 선호되고 있지만, 여전히 가문과 가문 사이의 중매에 의해 종교 예식으로서의 결혼식을 하는 것이 관행으로 남아 있다. 샤르마 감독은 젊은 세대의 시선으로 전통적 중매결혼을 정면으로 비판하고 남녀 사이의 자유연애와 로맨스를 대안으로 제시한다.

또한 허례허식으로 가득 찬 결혼 예식을 조롱하고 비판한다. 〈어 랜덤 데시 로맨스〉에서는 체면을 위해 영어를 사용할 줄 아는 사람들을 아르바이트로 고용하여 신랑 신부의 들러리로 가장하는 장면이 나온다. 인도에서 영어를 잘한다는 것은 교육을 잘 받은 좋은 집안 출신임을 드러내는 문화적 표식이다. 영화 속에는 영어를 사용하는 아르바이트로 고용된 하객들의 자조 섞인 대화를 통해 이러한 세태를 조롱하고 풍자한다.

〈샤룩 칸의 팬〉에서는 스타와 권력자를 맹목적으로 추종하고 숭배하는 인도 대중들의 세태를 풍자한다. 인도는 힌두이즘 주류 가치관을 준수하고 숭배하는 것을 신에 대한 복종으로 간주하는 전통을 가지고 있다. 샤르마 감독은 스타를 신적 존재나 종교로 숭배하는 대중들의 몽매한 광기를 비판하며 인도 사회의 맹목적인 종교 숭배 세태를 꼬집는다. 인도 대중들은 발리우드 영화 속 춤과 노래를 신에 대한 예찬과 종교적 제례로 승화하는 경향이 강하며, 영화 스타들은 마치 신적 존재로 숭배되기도 한다. 영화 속 가라브는 슈퍼스타 아리안에 대해 "그의 문제는 곧 나의 문제다"라며 신을 따르듯 숭배하고, 아리안은 "너는 더 이상 나의 팬이 아니다"라고 마치 종교 지도자가 신도를 파문하듯이 선언한다. 샤르마 감독은 발리우드 전통 속에 깃든 종교적 제례 의식을 닮은 맹목적 스타 숭배 현상을 정면으로 비판한다.

그러나 샤르마 감독은 인도 사회가 직면하고 있는 본질적인 사회 병폐와 구조적 요인에 대해서는 본격적으로 언급하지 않는다. 청년 세대의 출세와 돈에 대한 욕망은 담아내지만 경제난, 실업, 취업 기회의 불평등에 대한 본질적인 현실 비판은 부재하다. 또한 중매결혼 관습과 여성의 지위에 대한 풍자는 있지만, 인도의 주류 가치관인 힌두이즘의 여성 차별이나 카스트 제도에 대해서는 직접적으로 비판하지 않는다.

그런 점에서 샤르마 감독의 영화 속 세계는 인도의 실제 현실이 비어 있는 공동화空洞化의 세계이며, 본질적 현실 비판이 아닌 제한된 현실 비판에 머무르는 한계를 보인다. 관객에게 쾌락과 위안을 제공하는 순기능과 실제 현실을 스크린 너머에 은폐해버리는 역기능을 가진 발리우드의 이중성을 완전히 벗어나지 못하는 것이다.

(6) 발리우드 제작 시스템과 작가적 욕망 사이의 2중주―탈이데올로기적 개인의 탄생

샤르마 감독이 발리우드 양식을 변용하면서도 제한된 현실 비판에 갇힌 것은 발리우드 제작 시스템과 직접적인 연관이 있다. 샤르마 감독은 네 편의 작품을 야시라지 영화사와 함께 작업했다. 이 영화사는 1970년 저명한 감독 야시 초프라에 의해 설립되어 현재 영화 기획 단계부터 스튜디오 시스템에 의한 영화 제작은 물론 국내외 영화 배급과 마케팅을 하고 있으며, 최근에는 음악, 엔터테인먼트, 디자인, 연예 매니지먼트 등 다양한 기업의 수직·수평 통합을 통해 현재는 복합 대기업conglomerate으로 성장한 발리우드 최대의 영화사다.

설립자인 야시 초프라 감독은 1970년대 이후 발리우드 힌디 영화의 발전을 상징하는 인물이다.* 현재 야시라지 영화사는 그의 아들들이

---

* 1932년생으로 '로맨스의 왕king of romance'이라 불리며 발리우드에서 대중적인 인기를 누려왔다. 그는 친형이자 감독인 B. R. 초프라B. R. Chopra의 연출부에서 영화를 시작했으며, 1970년 야시라지 영화사를 설립하여 50여 편의 영화를 제작하거나 연출했다. 자신이 연출한 영화로는 〈벽Deewaar〉(1975), 〈사랑의 순간Lamhe〉(1991), 〈내 마음이 미쳤나 봐Dil To Pagal

유업을 이어가고 있다. 야시라지 영화사의 회장 겸 총 경영Chairman & Managing Director은 초프라 감독의 아들이자 역시 영화감독인 아디티야 초프라가 맡고 있다.* 아디티야 초프라는 발리우드의 상업적인 제작 시스템 속에서도 감독, 시나리오 작가, 제작자가 주도하는 독립적인 영화 프로젝트를 발굴하는 새로운 모델을 최초로 만든 영화인이기도 하다. 야시라지 영화사의 현 CEO 우다이 초프라는 아디티야 초프라의 동생이다. 그는 시나리오 작가, 연출, 제작 등 다양한 범위에서 활동하고 있으며, 배우로서도 높은 인기를 구가하고 있다.**

* Hai〉(1997), 〈비르와 자라Veer Zaara〉 등 13편이 있다. 초프라 감독은 말년에 인도의 스타 배우들인 샤룩 칸, 카트리나 카이프Katrina Kaif, 아누시카 샤르마 등과 함께 작업했으며, 2012년 10월 사망했다. 그는 탄탄한 시나리오와 스펙터클한 자연 풍광이 들어 있는 로케이션으로 유명하다. 스위스, 독일, 영국 등 해외 로케이션을 적극 추진하여 기존 발리우드의 영화 공간을 확장했다. 그는 감독뿐 아니라 제작자로도 유명한데, 발리우드 상업 영화의 틀을 벗어나지 않으면서도 사회적 이슈가 되는 '메시지 영화message films' 제작을 지향했다. 그는 상업성 속의 메시지 영화, 신인 영화인 발굴, 해외 로케이션, 아름다운 여성 캐릭터를 바탕으로 발리우드 힌디 영화 산업을 개척하고 혁신한 선구자로 평가받고 있다.

* 1971년생으로 아버지의 영향으로 어린 시절부터 영화를 접했으며, 아버지 영화의 조연출로 영화계에 입문했다. 1995년 23세에 데뷔작〈용감한 자가 신부를 데려가리〉를 연출했으며, 이 영화는 1995년 10월 20일 상영 이래 무려 21년 이상(1000주 이상) 장기 상영되어 인도 영화사상 최장 상영 기록을 갖고 있다. 그는 이 영화로 내셔널 어워드를 비롯한 열 개 이상의 영화제에서 상을 받으며 스타 감독으로 부상했다. 그의 두 번째 영화는 2000년〈모하바테인Mohabbatein〉으로 그해 최고의 박스오피스를 기록했으며, 스타 아미타브 바찬이 제2의 전성기를 누리는 데 기여했다. 2016년도에는 로맨스 영화인〈케어프리Befikre〉(2016)를 연출했으며, 2004년 이후에는 제작자로 본격적으로 나서 최근에는〈술탄〉(2017) 등을 제작했다. 그는 발리우드에서 '로맨스의 왕'으로 불리던 아버지에 이어 '로맨스의 천재idea of romance'라 불리며 새로운 트렌드와 장르 개척에 앞장서왔다.

** 우다이 초프라는〈사랑의 순간〉,〈내 마음이 미쳤나 봐〉등의 조연출로 영화를 시작했고, 2000년 인기 흥행작이었던〈모하바테인〉에서 배우로 데뷔했으며〈더 그레이트 서커스〉등

이처럼 야시라지 영화사는 설립자의 유업을 이어받아 상업적 틀 속에서도 사회적 메시지가 들어 있는 영화, 관객의 취향을 존중하면서도 새로운 트렌드를 추구하는 영화, 스튜디오 시스템 속에서도 신진 감독과 영화인을 발굴하는 제작 방식으로 발리우드의 변화와 혁신을 상징하는 영화사로 평가받고 있다. 특히 야시라지 영화사는 2011년 신진 영화인들을 위한 films of the youth, by the youth, for the youth 자회사 Y-Films를 설립하여, 재능 있는 젊은 영화인들이 활동할 수 있는 영화 창작 플랫폼을 만들었다.*

신진 감독인 샤르마 감독의 영화는 야시라지 영화사와 만나면서 시작되었다. 샤르마 감독의 인터뷰에 의하면, 그의 영화 활동은 야시라지 영화사의 회장인 아디티야 초프라와의 인연에서 시작되었다고 말한다. 〈아내 업고 달리기〉의 제작 과정을 보면 영화사의 신인 감독 발굴과 공동 작업 과정을 실증적으로 확인할 수 있다. 〈아내 업고 달리기〉는 독립 영화 감독인 사라트 카타리야가 10년 동안 준비한 시나리오를 아디티

에서 주연을 맡았고, 〈러브 임파서블Pyaar Impossible〉(2010)의 시나리오를 담당했으며, 〈차러스—어 조인트 에퍼트Charas: A Joint Effort〉(2004) 등의 제작을 맡았다. 우다이 초프라는 최근 미국 법인을 중심으로 영화와 텔레비전 드라마의 해외 배급에 주력하고 있으며, 특히 설립자인 아버지의 영화 철학을 이어받아 재능 있는 젊은 영화인들을 발굴하고 데뷔시키는 데 적극적인 역할을 하고 있는 것으로 알려져 있다.

* 2008년 월트디즈니사와 협력하여 애니메이션 〈집 없는 강아지 로미오Roadside Romeo〉를 제작했으며, 2013년 인도의 첫 아이맥스 영화인 〈더 그레이트 서커스〉를 제작하는 등 애니메이션, 특수 효과, 아이맥스와 같은 새로운 혁신을 주도했다. 2017년 인디우드 필름 카니발Indywood Film Carnival in Hyderabad에서 '올해의 제작사상National Producer of the Year'을 수상하며 발리우드를 대표하는 영화사로 자리 잡고 있다.

야 초프라 회장이 발굴하여 2015년 샤르마 감독에게 제작을 맡긴 일종의 청년 감독 지원 프로젝트로 만들어진 영화다. 또한 이 영화에는 야시라지 영화사에서 캐스팅 감독으로 일하던 배우 부미 페드네카르Bhumi Pednekar가 데뷔를 하여 그해 각종 신인연기상을 휩쓸기도 했다. 샤르마 감독에 의하면 "아디티야 초프라 감독은 나를 포함한 재능 있는 청년 감독과 제작자를 한데 모았다. 제작자로서의 나의 첫 제작 작품은 2015년 〈아내 업고 달리기〉다. 내가 좋은 시나리오라고 말하자, 그는 이 작품을 제작하는 게 어떻겠냐고 제안하며 적극적 지원을 약속했다. 나는 내가 연출이 아닌 제작을 할 줄은 꿈에도 몰랐다. 그 후 카타리야 감독과 나는 시나리오 피드백을 거치며 공동 작업을 했다. 〈아내 업고 달리기〉는 언론과 평단의 호평 속에 50일간 장기 상영하며 흥행했고, 그해 내셔널 어워드에서 수상했다. 그 후 우리는 〈어 랜덤 데시 로맨스〉와 〈샤룩 칸의 팬〉에서도 시나리오 작업을 같이 했다."

샤르마 감독에 의하면, 아디티야 초프라 회장은 자신을 인정하고 자신이 원하는 시나리오를 영화로 만드는 데 직접적인 도움을 준 영화인이다. 2013년 〈어 랜덤 데시 로맨스〉는 발리우드의 유명 시나리오 작가 자이딥 사니Jaideep Sahni의 작품인데, 샤르마 감독은 "사실 내가 처음 뭄바이에 왔을 때 나의 버킷 리스트에 그의 시나리오를 연출하는 것이 있었다"고 술회할 정도였다. 결국 초프라 회장은 샤르마 감독을 위해 그의 시나리오를 연출할 기회를 주었다. 또한 2016년 샤르마 감독이 직접 시나리오를 쓰고 오랫동안 연출을 구상해온 〈샤룩 칸의 팬〉을 연출할 기회를 주었다. 〈샤룩 칸의 팬〉은 기존 발리우드 영화 시스템에서 크게 선호되지 않은 스릴러 장르 영화로 수익에 대한 부담이 적지 않았지만, 초프라 회장이 직접 제작을 맡고 인도 최고의 스타 샤룩 칸을 캐스팅하면서 샤르마 감독은 자신의 오랜 염원을 실현할 수 있었다. 이처럼 샤르마 감독의 영화는 초프라 회장과의 인연, 그리고 발리우드 최대 영화사의 제작 시스템에서 완성된 것이다. 그런 점에서 샤르마 감독의 작품은 신진 감독과 발리우드 제작 시스템이 빚어낸 독특한 결과물이라 할 수 있다.

발리우드 스튜디오 시스템은 철저하게 이윤 추구를 중심으로 위계질서와 권력관계가 구축된 특징이 있다. 할리우드 스튜디오 시스템 제작을 연구해온 와이어트에 의하면, "스튜디오 시스템에서 모든 주류 영화는 제작 비용의 최소화와 제작 수익의 극대화를 통한 이윤 창출을 목표로 한다"고 말한다.[47] 스튜디오 시스템에서 가장 큰 영향력을 지닌 사람은 수익을 주도하는 제작자이며, 감독의 작가적 지향성은 사실상 제작자에 포획되어 있다. 미국 할리우드의 '뉴 할리우드 시네마'는 할리우드 스튜디오 시스템이 청년 감독이나 비전통적인 감독을 고용하는 방식이었다. 1968년 스탠리 큐브릭Stanley Kubrick 감독의 〈2001: 스페이스 오디세이2001: A Space Odyssey〉, 1969년 페킨파David Samuel Peckinpah 감독의 〈와일드 번치The Wild Bunch〉가 대표적인 사례다. 샤르마 감독과 야시라지 영화사의 결합은 상호 필요성에 의해 형성되었다. 영화사는 신진 감독 및 비전통적인 독립 영화감독을 발리우드 제작 시스템 속으로 소환하여 상업적이면서도 사회적 메시지가 있는 영화라는 영화사의 전통을 이어가려 하고, 샤르마 감독은 안정적인 제작 시스템에서 새로운 영화 미학을 일구고 싶은 작가적 욕망을 구현하려 한다. 그 결과 수익성과 상업성을 중시하는 발리우드 제작 시스템은 쾌락의 원칙과 오락성을 강조하고, 작가 정신으로 자신의 예술성을 실현하려는 감독은 끊임없이 제한된 시스템에서 탈주한다. 따라서 스튜디오 시스템에서는 경제학과 미학 사이의 긴장 관계가 형성될 수밖에 없다.

작가적 욕망과 제작 시스템 사이의 줄타기 혹은 모순적 2중주, 이것이 청년 세대의 자의식을 담은 탈주의 영화를 지향하면서도 발리우드 양식을 답습하며 제한된 현실 비판에 머문 샤르마 감독의 영화 미학이 태동된 구조적 요인이라 할 수 있다.

그럼에도 불구하고 샤르마 감독이 청년 세대의 자의식과 욕망과 탈주하는 청춘을 사실적으로 재현하고 있는 점은 높이 평가할 만하다. 발리우드는 전통적으로 힌두 정신, 사회 통합, 전통 윤리의 복원을 강조하는 주류 이데올로기의 구심점 역할을 수행해왔다. 샤르마 감독은 발리우드에서 끊임없이 이탈하고 벗어나려는 자유로운 '개인'의 내면에 초점을 둔다. 탈주하는 개인은 발리우드의 전통과 정면으로 충돌하는 지점이다.

델리대학의 쿠마르 교수는 제작 시스템과 감독의 미학적 지향, 즉 주류mainstream와 대안alternative의 경계에서 잘 짜인 시나리오, 적합한 캐스팅, 사실적인 스토리 라인을 통해 힌디 영화의 근본적인 변화를 추구하는 영화를 '용감한 뉴 발리우드Brave new Bollywood'라고 표현한다.[48] 샤르마 감독은 발리우드 제작 시스템이라는 구조적 한계 속에서도 청년 세대의 정체성을 담아 발리우드 주류 가치관에서 끊임없이 탈주하는 탈

이데올로기적 개인을 대안으로 제시하는 '용감한 뉴 발리우드 청년 감독Brave New Bollywood Youth Director'이다.

(7) '뉴 발리우드 청년 영화'의 부상과 뉴 발리우드 시네마의 의의
—탈주하는 청춘과 발리우드 관습의 재영토화

샤르마 감독은 진화하고 있는 청년 감독이다. 발리우드 제작 시스템에서 네 편의 작품을 연출하면서도 기존 전통을 넘어서려는 다양한 변화를 시도하고 있다. 한편으로는 여전히 발리우드의 관습에 갇힌 제한된 작가성을 보여준다. 형식적 측면에서 발리우드의 쾌락의 내러티브와 마살라 뮤지컬 양식을 답습하고 있으며, 주제 의식 측면에서도 본질적이고 구조적인 사회 문제에 대한 직접적인 비판이 부재하는 한계에 머물고 있다. 이는 발리우드 제작 시스템 속에서 영화를 연출하는 감독의 영화 환경과 직접적 연관이 있어 보인다.

샤르마 감독은 어린 시절부터 발리우드 힌디 영화를 사랑했으며, 발리우드에서 영화감독이 되는 꿈을 키워왔다. 발리우드의 전통을 존중하면서도 청년 세대의 도전 의식 속에 새로운 발리우드를 갈구하는 이중적 정체성을 보여준다. 그는 발리우드의 전통에 대해 "나쁜 마살라 영화가 나쁜 것이지 마살라 영화이기 때문에 나쁜 것은 아니다"라고 단언한다. 동시에 발리우드 시스템 속에서도 자신의 목소리와 개성을 담으려는 강렬한 작가 의식을 추구한다.

샤르마 감독과 가진 인터뷰에서 그는 자신의 영화 철학을 이렇게 말한다.

지금 나는 발리우드 스튜디오 시스템 속에서 제작하고 있으며, 상업성을 바탕으로 영화를 만들고 있지만 감독으로서의 나의 색깔을 지키려 한다. 나는 영화감독의 목소리를 잃어버리고 싶지 않다. 발리우드 영화에서 어떠한 전통이 좋고 나쁜지 판단하기 어렵다. 나는 인도인들에게 재미를 주고 안도감을 주고 싶다. 나쁜 마살라 영화는 나쁘지만 마살라 영화이기 때문에 나쁜 것은 아니다. … 어떤 제작자는 나에게 〈샤룩 칸의 팬〉의 리스크가 매우 크다고 말한다. 그 이유는 주인공인 샤룩 칸은 세계적인 슈퍼스타이며, 로맨틱 코미디 장르의 아이콘 같은 존재인데, 나의 영화 〈샤룩 칸의 팬〉은 스릴러 장르이고 로맨스가 없기 때문이다. 또한 그는 노래와 춤에 능한 발리우드 스타인데, 〈샤룩 칸의 팬〉에는 노래와 춤이 없다. 나는 발리우드에서의 작업이 예술 영화를 만드는 것이 아니라는 것을 잘 알고 있다. 그러나 나는 영화감독의 목소리를 잃어버리고 싶지 않다.

향후 샤르마 감독이 청년 감독으로서 발리우드 제작 시스템과 작가적 욕망 사이에 어떠한 선택지를 보여줄지 현재로선 예단하기 어렵다. 발리우드라는 거대한 스튜디오 시스템 속에서 작가성을 담보하려는 감독의 시도는 그리 쉽지 않아 보인다. 발리우드를 너무나도 사랑하는 한 감독이 전통을 넘어 '뉴 발리우드 청년 영화' 시대를 열어가려는 이 역설적인 새로운 시도는 고독하면서 비장해 보인다.

4장 비욘드 발리우드,
     새로운 예술 영화

1. 예술 영화의 계승과 변용—수만 고시 감독의 벵골 영화를 중심으로

수만 고시Suman Ghosh는 미국에 거주하는 인도 영화감독이다. 그는 인도 벵골 출신으로 영화감독뿐 아니라 미국 플로리다 애틀랜틱대학 경제학과 교수라는 독특한 이력을 가지고 있다. 고시 감독은 2006년 〈발자국Podokkhep〉으로 데뷔한 이래, 〈노벨상 메달 도둑Nobel Chor〉(2011), 〈샤말 아저씨 가로등을 끄다Shyamal Uncle Turns off the Lights〉(2012), 〈안식처Peace Haven〉(2015), 〈카담바리Kadambari〉(2015), 〈미 아모르Mi Amor〉(2016)를 비롯하여, 인도의 사회 문제를 다룬 벵골어 영화 일곱 편을 만들었다. 경제학자이자 대학 교수로서 미국에 거주하면서 인도 사회 문제에 비판적인 작가주의 영화를 지향하는 그의 특이한 이력과 활동은 다층적 영화 미학, 인도 로컬 영화의 다양성, 글로벌한 시선의 유입과 융합이라는 21세기 인도 영화의 새로운 흐름을 고스란히 보여준다.

먼저 고시 감독은 자신의 영화 철학과 현실 비판 정신을 담은 작가주의 영화를 지향하며, 발리우드의 상업 영화와는 일정한 거리를 두고 있다. 또한 공용어인 힌디어가 아니라 자신의 출신지의 언어인 벵골어로 영화를 만들며 벵골 영화의 전통을 계승하고 있다. 인도 영화에서 가장 두드러진 특징은 지방 언어로 제작되는 로컬 영화가 많다는 점이다. 인도는 약 3300개 이상의 지역 언어가 있고, 그중 10만 명 이상이 사용하는 언어는 200여 개, 헌법에 지정된 언어만 해도 22개에 달하는 다언어 국가다. 언어별 영화 제작 통계를 살펴보면, 2017년 제작된 1986편은 43개 지역의 언어로 이루어져 있는데, 1위는 힌디어(발리우드 영화) 364편, 2위는 타밀어 304편, 3위는 텔루구어 294편, 4위는 칸나다어 220편, 5위 벵골어 163편, 6위 말라얄람어 156편, 7위 마라티어 117편이다. 공용어 힌디어로 만들어진 발리우드 영화 외에 다양한 언어와 지역 문화 전통을 가진 로컬 영화가 공존하고 있음을 알 수 있다.

특히 인도 동북부 콜카타를 거점으로 하는 벵골어 영화는 사회성이 강한 예술 영화를 제작해온 전통을 갖고 있다. 〈길의 노래〉(1956)를 연출한 사티야지트 레이 감독을 비롯하여 리트윅 가탁, 비말 로이Bimal Roy 등 사회성 강한 사실주의 예술 영화감독을 지속적으로 배출한 지역이다.

벵골은 인도 동부의 서벵골주와 방글라데시 일대 지역으로 1947년 인도 독립 후 이슬람교도가 많은 동부는 동파키스탄(방글라데시)에, 힌두교도가 많은 서부는 인도로 각각 분할되었다. 1947년 독립 후 벵골은 동서로 나뉘면서 난민들이 대도시로 몰려들었고 당시 인도에서 가장 인구가 많은 경제·문화 중심 도시였던 콜카타는 산업 공동화 현상과 사회 불안을 겪으며 공산당이 득세하는 지역으로 변모했다. 2011년에는 34년간 집권해온 공산당 정권이 경제 개혁에 실패하며 새로운 국면에 접어들고 있다. 현재 벵골 지역은 현대와 전통, 개혁과 구습이 모순적으로 공존하는 사회상을 보인다. IT 산업 발전으로 현대적 건물이 넘치지만 주변부는 여전히 19세기 건물과 도로가 즐비하며, 콜카타에서 우버 택시를 탈 수 있지만 여전히 인력거꾼이 택시와 함께 거리를 달리고 있다.

벵골은 19세기 이후 인도의 문화·예술·사상의 중심지였다. 19세기 '인도 근대화의 아버지'로 추앙받는 람 모한 로이Rām Mōhan Rōy는 벵골 지역을 중심으로 사티(남편과 사별한 여인이 불에 뛰어들어 자결하는 전통), 조혼 같은 힌두교 구습을 타파하는 사회 개혁을 시도했다. 노벨상의 시인 라빈드라나트 타고르Rabindranath Tagore 역시 19~20세기 벵골 르네상스를 대표하는 인물로 문학, 음악, 미술뿐만 아니라 인도 정치사상에도 큰 족적을 남겼다. 현대 인도인들이 가장 존경한다는 힌두 승려이자 사상가인 라마크리슈나Ramakrishna와 그의 제자인 스와미 비베카난다Swami Vivekānanda 역시 벵골 출신이다. 현대에 와서도 벵골 지역은 아시아인 최초로 1998년 노벨 경제학상을 받은 아마르티아 센Amartya Sen과 같은 학자를 배출했다. 센은 가난한 인도인의 삶에 관심을 가져 빈곤 문제 해결과 사회 정의 연구에 평생을 바쳤다. 센과 같이 콜카타에 있는 프레지던시대학에서 경제학을 공부했던 아브히지트 바네르지Abhijit Banerjee 미국 매사추세츠공과대학MIT 교수는 프랑스인 아내 에스테르 뒤플로Esther Duflo와 공동으로 2019년 노벨 경제학상을 받은 바 있다.

이처럼 인도의 문화·예술·사상의 중심지로 자리 잡고 있는 벵골 지역은 벵골어 예술 영화로도 유명하다. 인도 영화사라는 거시적 관점에서 벵골 영화를 살펴보면 주류 발리우드 영화와는 분명한 대척점에 서 있다는 것을 확인할 수 있다. 인도 영화를 지역적 관점에서 살펴보면, 발리우드 힌디어 영화와 다양한 지방어 영화로 나눌 수 있고, 영화 미학 사적 관점에서 본다면 마살라 영화라 부르는 발리우드 상업 영화 전통과 벵골 영화에서 두드러진 사실주의 예술 영화 전통이라는 두 개의 축으로 구분할 수 있다.

1950년대부터 벵골 지역에서는 벵골 출신 문학가인 타고르와 공산주의의 영향 속에 사티야지트 레이, 므리날 센, 리트윅 가탁 감독 등이 상업 영화의 관습에 저항하는 사실주의 미학의 독립 영화를 만들며 뉴 시네마 운동을 전개했다. 벵골 영화의 대부 격인 사티야지트 레이와 리트윅 가탁 감독은 공산당이 후원하는 "인민 극장은 인민을 주역으로 한다"는 슬로건을 가진 인도민중연극협회에서 활동한 바 있다. 레이 감독은 1956년 〈길의 노래〉로 베네치아국제영화제에서 그랑프리를 수상하면서 세계적인 감독으로 부상했고, 그의 '벵골 3부작'은 인도 사실주의 예술 영화의 새로운 이정표를 제시했다는 평가를 받았다. 레이 감독의 사실주의 영화는 서구의 모더니즘에 대항하는 인도의 민족주의 미학이라는 제3세계 문화정치학적 시각에서 각광을 받았으며, 발리우드 힌디 주류 영화와 사티야지트 레이의 예술 영화라는 두 개의 축으로 이루어진 인도 영화의 전통을 만들었다. 또한 이 지역의 평행 시네마는 벵골어 영화를 중심으로 인도의 정치 사회 상황을 소재로 하는 사실주의 예술 영화로 발전했다.

벵골 영화 전문가인 쇼마 차테르지는 벵골 영화는 뭄바이 중심의 발리우드 힌두어 영화의 상업적 관습과는 전혀 다른 사실주의 미학을 기반으로 하고 있으며, 샤르미스타 굽투와 같은 벵골 영화인들은 벵골 영화를 "다른 나라an Other Nation"라고 표현한다고 말한다. 굽투는 저서 『벵골 영화—'다른 나라'Bengali Cinema: 'An Other Nation'』에서 "레이 감독 이후에 벵골 영화는 '예술 영화art film'로 국제 영화제에서 주기적으로 수상했고, 영화 산업과 벵골 지역 사회에서 벵골 영화가 확장되었다. 반면 뭄바이 영화는 하나의 인도all-India를 시장으로 하게 되었다. 벵골 영화는 '벵골스러움Bengaliness'을 표현했고 이것은 '하나의 인도'를 지향하는 힌디 영화를 전복했다"고 말한다.[49]

결국 여기서 말하는 벵골스러움이란 벵골어를 사용하여 벵골 지역의 공간과 문화적 특성과 풍습을 반영하면서, 특히 레이, 가탁 감독 이후에 벵골 영화에 정착된 사실주의 영화 미학을 기반으로 인도 사회 현실에 비판적인 시각을 가진 예술 영화라고 정의할 수 있다.

현재 벵골 영화는 글로벌 시대를 맞아 새로운 변화의 흐름을 타고 있다. 쇼마 차테르지에 의하면 지역적 토속성에서 보편성으로, 로컬 영화에서 글로벌 영화로의 전환이 그것이다. 과거 벵골 영화인들은 자신들의 벵골어 영화에 대해 자부심을 가지고 있었으나, 현재는 영어로 영화를 제작하기도 하고 남인도 지역 시나리오 판권을 구입하여 벵골어 영화로 제작하기도 한다. 또한 벵골 출신이 아닌 배우들을 고용하면서 영화적 보편성을 추구한다. 리투파르노 고시Rituparno Ghosh 감독의 〈사티안웨시Satyanweshi〉(2013), 〈누카 두비Nouka Dubi〉(2011) 같이 언어, 문화, 영화적 배경에서는 벵골 영화의 특성을 고수하지만, 현대의 가치관과 보편적 주제를 다루는 경향을 보이기도 한다. 안잔 다스Anjan Das, 바파디티야 반도파디야Bappaditya Bandopadhyay와 같은 젊은 감독들을 중심으로 현대적 퓨전 음악, 내러티브에서의 열린 결말 등 전통적인 벵골 영화의 색채에 새로운 요소를 가미하려는 흐름이 있다.

고시 감독은 이러한 벵골 영화의 사실주의 영화 미학 전통에서 영향을 받으며 성장했고, 그 전통을 존중하며 영화를 제작하고 있다. 또한 그는 미국에 거주하는 인도 영화감독이라는 독특한 존재론적 기반을 가지고 있다. 그 결과 인도 벵골 지역 특유의 사실주의적 토착성뿐 아니라, 미국과 서구의 시선이나 인류 보편적 가치관으로 인도 사회 내부를 다시 보기 방식으로 성찰하는 외재적 시선을 갖고 있다. 그는 작가주의적 예술영화를 지향하면서, 글로벌한 외재적 시선을 벵골 영화의 사실주의 미학 전통과 절합하며 인도 사회를 성찰하는 독특한 작품 세계를 구축해나가고 있다.

고시 감독에 대한 연구는 인도 벵골 영화의 사실주의 영화 미학의 현재를 확인할 수 있으며, 동시에 글로벌 시대 인도 작가주의 영화의 새로운 흐름을 조망할 수 있다는 점에서 의의가 있다. 이 장의 목적은 고시 감독의 영화 미학과 작품 세계를 분석하고, 그의 작품이 당대 인도 사회와 갖는 콘텍스트적 의미를 규명함으로써, 21세기 인도 영화의 새로운 흐름을 살펴보는 데 있다. 고시 감독과 그의 작품에 대한 연구는 인도 작가주의 영화 미학, 인도 로컬 영화의 다양성, 글로벌한 시선의 유입과 절합이라는 인도의 새로운 영화사적 흐름을 규명하는 단초가 될 것이며, 인도 청년 감독들의 예술적 고뇌를 확인할 수 있는 연구가 될 것이다.

이를 위해 작가주의와 문화 연구라는 두 가지 층위의 방법론을 차용한다. 먼저 작가주의론은 감독의 생애와 영화 철학을 통해 고시 감독만의 독특한 영화 미학과 주제 의식을 탐색하는 데 유용한 방법론을 제공할 것이다. 또한 작가주의 방법론을 보완하고 그의 작품이 당대 사회와 상호 작용하고 교접하는 사회 맥락적 의미가 무엇인지를 규명하기 위해 문화 연구적 접근을 시도할 것이다. 고시 감독의 영화에 드러나는 주제 의식을 인도 사회의 인종, 젠더, 계급, 지역성, 다문화 등과 맺는 이데올로기와 구조적 갈등에 주목하고, 문화정치학적 지형도를 통해 그의 영화가 현실 사회와 상호 작용하는 실천praxis적 방식을 분석할 것이다.

이 글을 위해 고시 감독과 인도 영화에 대한 다양한 문헌 자료를 수집하고 그의 작품 전체에 대한 분석을 시도했으며, 그의 의견을 직접 구하기 위해 이메일을 통한 인터뷰를 수차례 가진 실증 연구를 진행했다. 고시 감독의 작품 중 대표성을 지닌 네 편의 영화를 구체적 연구 대상으로 설정하고 심층 분석을 시도하여 그의 일관된 영화 미학과 주제 의식을 탐색했다.

다음에서는 고시 감독의 영화 연혁을 서술하고 그의 대표적인 벵골어 영화 네 편을 구체적으로 분석한다. 이를 통해 그의 벵골어 영화가 갖는 독특한 영화 미학과 벵골 영화의 전통과 맺는 관계성을 살펴볼 것이며, 동시에 주제 의식이 인도 사회와 맺는 사회 맥락적 의미를 분석하고자 한다.

2. 수만 고시 감독의 영화 여정

수만 고시는 1972년 인도 벵골 지방의 콜카타 외곽에 있는 세람포르에서 태어나고 유년 시절을 보냈다. 그는 이곳에서 영화에 대한 감수성을 키웠다고 말한다. 그는 이메일 인터뷰에서 이렇게 말했다(별도의 언급이 없는 경우 아래 인터뷰 출처는 모두 같다).

> 나는 콜카타 외곽의 세람포르에서 태어나고 자랐다. 인도의 조그만 마을인 그곳은 내게 큰 감수성을 주었고, 내가 예술가로 성장할 수 있는 토양을 제공했다. 현재 나의 부모님은 콜카타에 사시고, 두 형님은 각각 뭄바이와 미국 보스턴에 살고 있다. 나는 어릴 적부터 영화를 많이 보고 자랐다. 벵골 영화뿐 아니라 발리우드 영화를 많이 보았다. 1980년대 인도 최고의 스타인 아미타브 바찬과 미툰 차크라보르티Mithun Chakraborty는 나의 우상이었다. 내가 영화를 본격적으로 해보겠다고 생각한 것은 대학교 때부터다. 카메라 뒤에 있는 사람의 존재가 내겐 더욱더 인상적이었기 때문이다.

고시 감독은 벵골 영화를 주로 보며 레이 감독의 영향을 많이 받았지만, 나중에 이란을 비롯한 다른 나라의 사실주의 영화에도 크게 끌렸던 것 같다. "나는 아미타브 바찬, 미툰 차크라보르티(〈노벨상 메달 도둑〉의 주연), 우탐 쿠마르Uttam Kumar 등의 배우들을 보면서 자랐다. 특히 사티야지트 레이에게 감사드린다. 그렇지만 처음 그의 〈길의 노래〉를 보았을 때에는 별로 마음에 들지 않았었다. 사실주의 영화인 벵골어 영화와 이란 영화, 그리고 퀜틴 타란티노를 좋아한다. 라지쿠마르 히라니와 비샬 바르드와지Vishal Bhardwaj 영화를 좋아하지만 그런 영화를 만들 생각은 없다"고 말한다.

고시 감독은 콜카타에 있는 프레지던시대학을 졸업한 후, 델리에 있는 델리경제학교에서 석사 학위를 받았다. 그 후 미국으로 유학을 가서 2002년 미국 코넬대학에서 공공경제 및 개발경제를 전공으로 경제학 박사 학위를 받았다. 현재 영화감독 외에 경제학자이자 교수라는 독특한 직함을 가지고 있다.

고시 감독이 본격적으로 영화 공부를 시작한 것은 유학 시절부터다.

> 인도에서 대학을 다닐 때 영화를 공부하려고 했다. 그러나 중산층 계급 출신인 나는 그 길이 매우 불안정한 미래로 보였다. 오만한 마음에 좀 더 나은 공부를 하려고 좋은 대학을 찾아다녔고 코넬대학 경제학과에서 박사 과정을 시작했다. 유학 시절 미국에서는 전공 외에도 공부를 할 수 있는 자유가 있다는 것을 알게 되었다. 코넬대학에서 영화 과목을 들으며 공부를 시작했고, 영화의 세계에 매료되어 영화를 만들기로 결심했다.

그는 언론과의 인터뷰에서 이렇게 말한다.

인도에서는 커리큘럼이 엄격하여 경제학과 영화학 두 전공을 병행하기가 쉽지 않다. 나는 영화를 전공하길 원했지만 직업으로 선택하기에는 중산층 집안 출신이라 쉽지 않았다. 코넬에 갔을 때 정말 영화 공부를 하고 싶었다. 고탐 고스Goutam Ghose 감독이 내게 용기를 주었고 영화도 공부하라고 했다. 나는 경제학 박사 과정을 하면서도 영화 수업을 한 학기에 한 개씩 수강했다. 경제학과 영화학 공부를 병행하기는 어려웠지만, 무엇인가에 미친다면 방법을 찾을 수 있다.

고시 감독은 유년 시절부터 인도를 대표하는 벵골 출신 감독인 사티야지트 레이의 영향을 많이 받았고 지금까지 영향을 많이 받고 있다고 술회한다. 영화 공부를 시작하면서는 스웨덴의 잉마르 베리만Ingmar Bergman, 일본의 구로사와 아키라黑澤明와 오즈 야스지로小津安二郎, 영국의 스탠리 큐브릭 감독, 그리고 여러 실험 영화감독 등의 영화를 숭배하고 존경했다고 말한다.

벵골에서 자랄 때에는 사티야지트 레이 감독의 영화가 최고의 영화였다. 나는 지금까지도 그의 영화에서 영감을 찾는다. 상업 영화는 주로 뭄바이에서 만들어졌는데, 마니 라트남 감독은 독특한 존재였다. 이후 세계 영화들을 접하고 공부하면서부터 베리만, 구로사와, 오즈, 큐브릭 등의 영화를 보게 되었다. 최근에는 이냐리투Alejandro González Iñárritu,

케네스 로너건Kenneth Lonergan, 알렉산더 페인Alexander Payne, 그리고 한국의 박찬욱과 봉준호 감독을 아주 좋아한다.

고시 감독은 지금까지 일곱 편의 극영화와 한 편의 다큐멘터리를 연출했다(2003년 작품 〈아마르티아 센—재조명된 삶〉 등 다큐멘터리는 목록에서 제외했다).[50] 2008년 유명한 원로 배우 소미트라 차테르지Soumitra Chatterjee와 난디타 다스Nandita Das가 주연한 첫 장편 영화 〈발자국〉을 만들었다. 이 영화는 은퇴한 노인이 다섯 살 여자아이를 통해 자신의 인생을 성찰하는 잔잔한 영화로, 2006년 인도 내셔널 필름 어워드에서 최고벵골영화상과 최우수연기자상을 수상했고, 고시 감독은 일약 인도 영화계의 신성으로 부상했다.

2009년에는 사랑에 빠진 유부녀의 윤리적 갈등을 그린 두 번째 영화 〈갈등Dwando〉을 연출했다. 역시 차테르지가 주인공을 맡았으며, 인도 고아국제영화제IFFI Goa '인도 파노라마' 부문에서 상영되었다. 이 영화는 감독 스스로 "진지한 영화serious film"라고 표현했듯이, 사랑과 윤리의 문제를 집중적으로 다루고 있다. 폴란드 영화감독 크시슈토프 키에슬로프스키Krzysztof Kieslowski 감독의 〈십계Dekalog〉 시리즈에 영감을 받아 연출했다고 한다.

2011년에는 벵골 출신의 세계적 시인이자 교육자로 노벨 문학상을 수상했던 타고르의 노벨상 메달 분실 사건을 다룬 영화 〈노벨상 메달 도둑〉을 연출했다. 벵골 영화의 스타 미툰 차크라보르티가 주연을 맡았으며, 벵갈루루국제영화제Bengaluru International Film Festival에서 최고인도영화상Best Indian Film을 받았다.

2012년에는 대낮에 켜져 있는 가로등의 소등을 둘러싼 실화를 소재로 권위주의와 관료주의의 병폐를 비판한 영화 〈샤말 아저씨 가로등을 끄다〉를 연출했다. 이 영화는 부산국제영화제, 뉴욕MoMA영화제, 뭄바이영화제 등에 초청받았으며, 토론토릴월드영화제ReelWorld Film Festival에서 우수국제영화상Outstanding International Feature Award을 수상했다.

2015년에는 타고르와 그의 형수인 카담바리 데비Kadambari Devi의 관계와 삶을 다룬 영화 〈카담바리〉를 연출했다. 이 영화는 콘코나 센 샤르마Konkona Sen Sharma와 파람브라타 차테르지Parambrata Chatterjee가 주연을 맡았으며, 여배우 콘코나가 2015년 미국 남아시아영화제South Asian Film Festival에서 최우수여배우상을 수상하는 등 국제적인 호평을 받았다.

2015년에는 장례식을 직접 준비하기 위한 세 명의 콜카타 노인의 긴 여행을 다룬 여섯 번째 작품 〈안식처〉를 연출했다. 고시 감독의 페르소나라 할 수 있는 소미트라 차테르지가 주연을 맡았으며 부산국제영화제, 뉴욕인도영화제 등에서 상영되었다.

2016년에는 미국 마이애미에 거주하는 인도 유부남과 유부녀의 일탈적 만남을 다룬 일곱 번째 작품 〈미 아모르〉를 연출했으며, 파람브라타 차테르지와 라이마 센Raima Sen이 주인공을 맡았다.

지금까지 고시 감독은 총 일곱 편의 장편 극영화를 연출했다. 그는 대부분의 영화를 직접 기획하고 시나리오를 쓰고 연출한다는 점에서, 감독의 예술 정신과 세계관을 독특한 영화 언어로 표현하는 작가주의 감독의 전형적인 특징을 보여준다. 또한 자신의 고향인 벵골 지역을 공간적 배경으로 삼아 벵골어로 말하는 벵골 영화를 만들고 있으며, 벵골 영화 특유의 전통인 사실주의 영화 미학을 바탕으로 인도의 사회 문제를 진지하게 다루는 방식을 선호한다. 미국에 거주하는 인도인의 시선으로 인도 사회의 내부적인 문제를 글로벌한 외재적 시선으로 다시 보는 독특한 연출 방식을 고수하고 있다. 다음에서는 그의 작품 중에서 가장 대중적이면서도 국제적인 호평을 받은 대표작 네 편(〈노벨상 메달 도둑〉, 〈샤말 아저씨 가로등을 끄다〉, 〈안식처〉, 〈미 아모르〉)을 연구 대상으로 삼아 영화 미학과 주제 의식을 살펴보고자 한다.

3. 수만 고시 감독의 대표작

(1) 〈노벨상 메달 도둑〉(2011)—타고르의 꿈이 실종된 인도 사회를 비판하다

이 영화는 2004년 3월 24일 인도 콜카타에서 일어난 노벨 문학상 메달 분실 사건이라는 실화를 재구성한 감독의 세 번째 영화다. 2004년 아시아인 최초로 노벨 문학상을 수상한 타고르의 노벨상 메달이 그의 콜카타 생가 박물관에서 도난당하는 사건이 발생한다. 이 영화는 이 사건을 소재로 콜카타 지방의 가난한 농촌 현실을 우회적으로 비판한다. 이 영화의 서사의 분절은 다음 쪽과 같다.

이 영화는 우연히 도난당한 메달을 줍게 된 가난한 농민 바누의 행적을 따라, 인도의 도농 격차와 빈부 격차, 관료주의를 사실주의적으로 비판한다. 특히 바누가 메달을 놓고 고향과 콜카타에서 내면적 갈등을 겪는 대목에서 주제 의식이 명료하게 표출된다. 바누와 마을 원로들은 차라리 메달을 팔아서 마을에 도움이 되게 하자는 탐욕과 메달 주인에게

■ 〈노벨상 메달 도둑〉

① **프롤로그** 2004년 어느 날 타고르 생가에 보관 중이던 노벨상 메달이 도난당한다. 언론은 이 사건을 대대적으로 보도하고 전국적 화제가 된다.

② **가난한 농민 바누가 우물가에서 도둑들이 버리고 간 메달을 줍다** 글을 읽지 못하는 순박한 농민 바누는 노벨상의 가치를 이해하지 못한 채, 마을 교장 선생을 찾아가 메달에 대해 상의한다. 교장 선생의 제안으로 마을 원로 회의가 열리고, 갑론을박 끝에 결국 바누가 직접 콜카타로 가서 서뱅골주 정부의 총리를 만나 메달을 전달하고 보상금을 받기로 한다.

③ **바누, 콜카다에 가다** 바누는 콜카타 시내로 가서 마을 출신의 호리를

4장 비욘드 발리우드, 새로운 예술 영화　　**161**

만난다. 바누는 경찰을 찾아가 자신이 노벨상 메달을 가지고 있다는 내용의 편지를 총리에게 전달하려 하지만, 가난하고 무지한 농민이라는 이유로 무시당한다. 그사이 도둑들이 마을에 다시 찾아오고, 바누는 타고르 박물관의 나무 밑에 메달을 묻어 감춘다.

④ **메달을 팔기 위해 무역업자를 만나다** 바누는 콜카타를 배회하고 호리가 일하는 나이트클럽에 간다. 콜카타의 화려한 밤 풍경과 가난한 농촌을 비교하며 비탄에 잠긴다. 차라리 메달을 팔아 돈을 벌자는 호리의 말에 나이트클럽 지배인을 만나고, 골프장에서 무역 밀매업자를 만나게 된다.

⑤ **도둑과 경찰에게 쫓기는 바누** 메달의 행방을 쫓던 경찰들이 바누의 마을에 찾아오고, 사라진 바누의 행방을 묻는다. 한편 메달을 훔친 도둑들은 호리의 집으로 쳐들어와 바누를 뒤쫓는다. 경찰이 마을 사람들을 계속 추궁하자 마을 사람들은 바누와 가족들을 비난하기 시작하고, 바누는 아내와 통화한 후 메달 파는 걸 포기하기로 결심한다.

⑥ **경찰의 총에 맞아 죽는 바누** 바누는 경찰과 도둑들에게 쫓기다가 메달을 묻은 나무 옆에서 경찰이 쏜 총에 맞아 죽는다. 에필로그 자막에 "타고르의 메달은 아직 찾지 못했다"고 나온다.

돌려줘야 한다는 윤리 사이에서 갈등한다. 도난당한 메달은 가난한 농민에게는 빈곤에서 벗어나게 해줄 수단이고, 경찰들에게는 포상 승진을 위한 기회가 될 것이며, 무역업자에겐 큰돈을 안겨줄 노다지이며, 선거를 앞둔 정치인들에게는 정치적으로 활용하기 좋은 계기가 될 여러 계층의 욕망을 대변하는 상징적 기표다. 가난하지만 순박한 농민 바누는 경찰의 총에 맞아 죽는데, 그에게 메달은 가난을 벗어날 횡재가 아니라 파멸로 이끈 비극적 악재가 되고 말았다.

이 영화는 인도 콜카타 주변 가난한 농촌과 화려한 대도시의 격차를 사실적으로 재현하면서, 인도 사회가 직면한 가난한 농촌 현실, 도시의 탐욕, 빈부 격차, 무지한 농민, 관료주의적 병폐를 어둡고 비극적인 시선으로 비판하고 있다. 영화 속에서 노벨 문학상 메달의 주인인 타고르의 사진과 동상이 자주 등장하는 것은 의미심장하다. 타고르는 인도인이라면 누구나 존경하고 추앙하는 시인이자, 벵골 지역의 문화 전통을 대표하는 인물이다. 타고르는 보편적 휴머니즘을 바탕으로 인도 사회의 계급 차별, 가난한 민중들에 대한 헌신, 농촌 계몽, 종교와 계층 간의 화합, 평화의 이상을 위해 노력한 사회 운동가이기도 하다. 타고르의 메달이 도난된 것은 꿈과 이상이 실종된 인도의 현실을 은유하며, 메달을 돌려주려다 비극적으로 죽는 바누는 인도 민중의 죽음으로도 읽힌다. 2004년 도난당한 타고르의 노벨상 메달은 여전히 행방이 묘연하다.

(2) 〈샤말 아저씨 가로등을 끄다〉(2012) — 한 사람의 의지가 사회
　　를 변화시키다

이 영화는 실화를 재구성한 고시 감독의 네 번째 영화다. 영화는 콜카타 구시가지 파이크파라에 사는 퇴직한 한 노인이 대낮에 켜진 가로등을 보고 전기 낭비를 막기 위해 관청을 찾아다니며 마침내 소등에 성공하는 내용을 다룬다. 이 영화는 인도 사회에 만연한 관료주의의 병폐와 그릇된 관행을 비판하고 있다. 제17회 부산국제영화제에 상영되어 관객들의 호평을 받았다. 영화 서사의 시퀀스에 따라 분절하면 다음 쪽과 같다.

　이 영화는 고시 감독의 빛나는 사실주의 미학을 가장 특징적으로 보여주는 영화다. 감독은 샤말이 사는 초라한 집, 동네, 골목길, 버스 안 등 콜카타 변두리에 사는 서민들의 일상적인 공간을 그려낸다. 특히 동네와 집 안의 실제 공간을 풀숏full shot, 롱숏long shot, 미디엄숏medium shot과 같은 TV 드라마 사이즈로 촬영하면서 사실성을 강조한다.

　이 영화는 콜카타 구시가지 라자 마닌드라 거리의 가로등에 얽힌 실제 이야기를 다룬 영화다. 샤말은 대낮에 켜져 있는 가로등을 끄기 위해 민생에는 무관심하면서 거대 담론이나 정치 문제에 골몰하는 정치인들, 예산 타령이나 하면서 정작 자신의 업무에는 관심 없는 관료들, 공공의 문제는 회피하고 무사안일하게 하루를 보내려는 공무원들을 차례로 만나면서, 인도 사회가 직면한 관료주의, 보신주의, 탐욕, 공공의 문제에 무관심한 대중의 태도를 짚어낸다. 샤말 노인은 늙고 힘없는 퇴직 노인

■ 〈샤말 아저씨 가로등을 끄다〉

① **퇴직 노인 샤말의 일상** 퇴직한 노인 샤말은 아침에 침대에서 일어나 이를 닦고 신문을 보고 우유를 사기 위해 외출하고 떨어진 슬리퍼 끈을 고치는 소소한 일상으로 하루를 보내고 있다.

② **대낮에 가로등이 켜져 있는 것을 바로잡으려 하다** 샤말은 관청의 고객 센터를 찾아가 신고를 하지만, 직원에게 고작 그런 것을 신고하느냐는 면박을 받는다. 이어 자신이 살고 있는 지역의 의원 사무실을 방문하여 호소하지만, 사무실 직원은 가로등 문제가 인도 사회의 구조적 문제라며 본질을 회피한다. 샤말은 동네 모퉁이에서 노인들과 만나 이 문제를 토론한다.

③ **샤말이 가로등을 끄기 위해 동분서주하다** 샤말이 가로등을 끄기 위해 교통경찰에게 말해보지만, 경찰관은 전기 회사에 찾아가라고 한다. 샤

말은 전기 회사를 방문하지만, 직원은 자기 담당이 아니라며 보수 팀을 찾아가라고 한다. 보수 팀을 찾아가자 이번에는 아까 갔던 그곳에 다시 가라고 한다. 화가 난 샤말이 소란을 피우자 고위 책임자가 나와 사무실로 불러 자초지종을 듣고 소등을 약속한다.
④ **가로등 소등을 확인하는 샤말** 샤말은 새벽에 일어나 거리를 걷고 가로등이 꺼지는지 지켜본다. 아침이 밝아오고, 드디어 가로등이 꺼진다.

이지만, 마을을 아끼는 깨어 있는 시민 의식으로 사회를 변화시킨다. 한 노인의 의지가 잘못된 점을 고치는 작지만 의미 있는 변화를 가져온 것이다. 고시 감독은 이 영화에서 샤말의 시민 의식과 끈질긴 풀뿌리 민중의 의지가 새로운 사회를 열어갈 수 있다는 메시지를 던진다.

(3) 〈안식처〉(2015)―죽음을 앞둔 노인들을 위한 동화

이 영화는 콜카타에 사는 70대 노인 세 명이 자신들의 장례식을 준비하는 여정을 그린 고시 감독의 다섯 번째 영화다. 이들은 갑자기 죽음을 맞은 친구의 장례식이 해외에 있는 자식들로 인해 제대로 진행되지 않는 것을 보고 자신들을 위한 장례식을 스스로 준비하는 길을 떠나는 로드무비 형식의 영화다. 이 영화는 부산국제영화제 영화 제작 지원 프로

그램인 아시아영화펀드Asian Cinema Fund의 지원을 받아 제작되었다. 영화 서사의 분절은 다음 쪽과 같다.

고시 감독은 이 영화에서 '드라마숏drama shot'이라 부를 만한 독특한 영상을 선보인다. TV 드라마에서 자주 볼 수 있는 풀숏→웨이스트숏waist shit→스리숏three shot 위주의 카메라 워킹과 편집 기교를 단순하게 반복하면서 극적 요소를 배제한 담담한 사실주의적 장면을 연출하고 있다. 또한 마을의 길거리, 집 안 등 민중들의 일상에 담긴 리얼리티를 그대로 보여주면서도, 이전 그의 영화에서 찾아볼 수 없었던 판타지와 상상 장면을 삽입하여 사실주의와 판타지가 결합된 환각적 사실주의 hallucinatory realism를 구현한다. 세 노인이 죽은 아내, 죽은 아버지, 어린 시절의 아들과 만나는 상상 속의 환각적 사실주의 장치를 에피소드로 삽입하여 삶을 성찰하는 노인의 내면을 보여준다.

이 영화는 노인들의 장례식 준비 과정을 보여주며 사망자 수에 비해 터무니없이 부족한 장례식장과 자식 없이 치르는 장례식 등 인도의 현실과 세태를 성찰한다. 장례식을 준비하는 여정은 곧 죽음으로의 여정의 은유다. 각자 과거와 미래로 여정을 떠나며 자신의 인생을 되돌아본다. 이러한 방식은 죽음을 앞둔 교수가 여행을 통해 삶을 성찰하는 베리만 감독의 〈산딸기Wild Strawberries〉를 연상시킨다. 다만 고시 감독은 죽음과 유한한 삶이라는 철학적 소재를 베리만 감독처럼 관념적 회한이나 개인적 기억 속에 의존하여 주관적으로 풀어내지 않는다. 노인의 죽음을 방치하고 장례식조차 제대로 치를 수 없는 콜카타 지역의 열악한 상황과 인도인들의 사회적 태도 등을 재현함으로써 관객의 공감대를 이끌어낸다.

■ 〈안식처〉

① **콜카타에 사는 세 명의 노인이 친구 프라납의 장례를 치르다** 프라납이 갑자기 사망하고 그의 아들이 미국에 있어 장례식을 곧바로 치를 수 없자, 세 노인은 아들을 대신하여 장례식을 사흘 동안 치른다. 아들 친구와 세 노인이 모여서 염을 하고 틀니, 지팡이, 꽃 등을 관에 넣어 장례식장으로 보낸다.

② **세 노인, 자신들의 장례식을 직접 준비하다** 콜카타에 장례식장이 세 개밖에 없으며, 그것도 하루에 세 구의 시신만 안치할 수 있다는 것을 알게 된다. 자식들이 미국과 호주 등 외국에 살고 있어 장례식이 제대로 치러질 수 있을지 염려하다가 결국 자신들의 장례식을 직접 준비하기로 한다.

③ **평화의 안식처를 구하기 위해 길을 떠나다** 노인들은 사진관에 들러 영정 사진을 찍고 길을 나선다.

에피소드 1—첫 번째 노인이 죽은 젊은 시절의 아내를 만나다 길을 가다가 강가에서 노래하고 있는 젊은 시절 아내를 만난다. 노인은 당시 집안의 안정을 위해 일중독자가 되어 가정을 소홀히 했다고 자책한다. 음악에 소질이 있던 아내는 자신의 음악 선생이자 남편의 친구인 라룬을 소개받고 불륜에 빠진다. 그 후 부부는 헤어지고 아들은 호주에 산다. 아내는 말을 마친 후 강으로 들어가 사라진다.

에피소드2—두 번째 노인이 죽은 아버지를 만나다 죽은 아버지가 나타나 여덟 명의 자식을 두었는데도 가난하다고 자신의 장례식은 어렵게 치렀는데, 너는 왜 이렇게 화려한 장례식을 준비하느냐고 꾸짖는다. 두 번째 노인은 아버지를 만나 양심의 가책을 느낀다.

에피소드3—세 번째 노인 수쿠마는 과거 생물학 수업을 회상하고 상상 속에서 어린 시절의 아들을 만난다 수쿠마는 의사로부터 말기 암 판정을 받는다.

④ **세 노인, 해변에서 자신들을 위한 장례식을 치르다** 노인들은 해변에서 친척과 지인을 모아 장례식을 치르고, 식사를 나눈 후 꽃다발을 바다로 보내며 흐느낀다.

영화의 제목이 암시하는 장례식장은 유한한 삶을 환기시키는 철학적 공간이지만, 동시에 돈이 없으면 죽음 이후에도 대접을 받을 수 없는 물

질주의적 탐욕에 젖은 콜카타의 현실을 은유하는 상징적 공간이다. 이 영화는 인도가 직면한 노인 문제를 바탕으로 삶의 유한성과 죽음에 대한 철학적 성찰을 담고 있는 '노인을 위한 비극적 동화'다.

(4) 〈미 아모르〉(2016)—집단에서 벗어나려는 개인의 욕망

이 영화는 미국 마이애미에 사는 30대 인도인 유부남 리주와 유부녀 스리의 일탈과 사랑에 대한 이야기이로, 고시 감독의 일곱 번째 영화다. 영화 제목인 '미 아모르'는 영화 속 남녀가 은밀한 만남을 갖는 인터넷 사이트의 이름이다. 이 영화는 그동안 인도의 사회 문제에 천착해온 감독이 현재 자신이 살고 있는 미국을 배경으로 이주자들의 일상과 일탈, 사랑을 다룬다는 점에서 특이하다. 영화 서사의 분절은 다음 쪽과 같다.

영화는 마이애미의 레스토랑, 회사, 클럽, 해변을 공간적 배경으로 삼아, 인도 이주민들의 일상을 감독 특유의 사실주의 양식으로 담아낸다. 특히 두 사람이 만나는 공간의 소음, 차 소리, 음악 등 현장음을 그대로 살려 리얼리티를 생생하게 전달한다. 이 영화에서 고시 감독은 기존에 추구해온 인도 사회 문제에 대한 비판에서 벗어나 미국에 거주하는 인도 이주자들의 일탈적 사랑과 일상에 주목한다. 흥미로운 점은 리주와 스리가 인도 문화에 대해 갖는 거부감과 외부자적 시선이다. 두 사람은 영어로 대화를 나누고 다른 인도인들과는 인도어를 사용한다. 리주와 스리는 미국이라는 이방의 공간이 주는 자유와 탈인도적 정체성을 자신

■ 〈미 아모르〉

① **미국에 사는 30대 인도 남성 리주** 리주는 마이애미에서 인도계 아내와 살고 있는 인도인으로 금융업에 종사하는 인텔리 중산층이다.
② **리주와 스리가 첫 인터넷 채팅을 하다** 리주는 회사 동료의 소개로 인터넷 사이트 '미 아모르'에 접속하게 된다. 스리는 30대 심장외과 의사로 남편과 유치원에 다니는 아들을 두고 있다. 두 사람은 '미 아모르'에서 첫 채팅을 시작한다.
③ **리주와 스리의 첫 만남** 리주와 스리는 마이애미 해변에 있는 레스토랑에서 처음 만난다. 서로의 신분과 고향을 확인하고 헤어져 각자 집으로 돌아간다.
④ **리주와 스리, 본격적인 데이트를 시작하다** 리주와 스리는 자주 채팅을 주

고받으며 점점 깊은 관계가 된다. 회의 중에도 채팅을 하고 데이트를 시작한다. 풀밭에 누워 첫 키스를 나누고 클럽과 스트립 바에 가서 춤도 추고 술도 마시며 즐거운 한때를 보낸다.

⑤ **스리와 리주, 정신과 의사를 만나 상담하다** 새로운 사랑과 죄의식 사이에서 갈등하다.

⑥ **요트에서 주말을 보내는 두 사람** 리주는 스리에게 주말을 같이 보내자고 제안하고 스리는 동의한다. 리주는 요트를 준비하고, 스리는 아이를 베이비시터에게 맡긴다. 요트 안에서 스리는 가죽 재킷과 스타킹 차림으로 스트립쇼를 하며 리주를 유혹한다. 리주는 갑자기 사디스트로 돌변하며 욕망을 분출한다. 스리는 꿈에서 리주와 결혼하여 커피를 만들고 같이 식사하고 아이를 학교에 데려다주고 집으로 돌아오는 일상을 경험하고 결혼의 권태와 무료함에 대해 리주에게 말한다.

⑦ **밀회를 마친 리주와 스리는 요트에서 나와 각자의 집으로 돌아간다.**

들의 지향점으로 생각한다. 특히 스리가 보여주는 자유분방하고 욕망에 충실한 캐릭터는 인도의 전통적 여성상이 아니라 미국의 일반적 여성상에 가깝다.

고시 감독은 리주와 스리의 캐릭터를 통해 미국에 거주하는 인도인들이 겪는 문화적 정체성의 혼란에 주목한다. 리주와 스리는 인도계 미국인이라는 공통점을 갖고 있다. 금융업과 의료 등 전문직에 종사하는 인텔리 중산층으로, 인도인의 정체성보다는 미국적 가치관과 문화를 더 선호하며 인도의 전통 윤리에서 벗어나 자유로움을 추구하는 이방인의 모습을 보인다. 이들은 각각 인도인 남편과 아내와의 결혼 생활과 미국 내 인도 커뮤니티의 답답함을 벗어나기 위해 '미 아모르'라는 인터넷 사이트에 접속하고 은밀한 만남을 이어간다. 감독은 이 두 인물의 관계를 통해 인도인으로서의 가치관과 미국의 가치관을 충돌시키며 집단에서 벗어난 사람과 사람 사이의 관계성의 진실을 묻고 있다.

이러한 점은 기존에 감독이 보여준 주제 의식과는 확연히 다르면서도 유사한 지향점을 보여준다. 기존에 감독은 인도 사회 내부에 만연한 빈부 격차, 세대 갈등, 관료주의와 같은 사회 문제를 정면으로 다루고 비판해왔지만, 이 작품에서는 일탈을 꿈꾸는 중산층 남녀의 욕망과 관계에 주목한다는 점에서 차이가 있다. 한편으로는 미국에 거주하는 인도인들의 욕망을 통해 인도의 전통적 가치관과 정체성에 대한 회의를 부각하고, 인도의 사회 문제를 미국이라는 외부적 시선으로 다시 보려는 시도는 이전 작품과 맥락이 같다.

이러한 외부적 시선으로 인도 문화를 다시 보기 위해 독특한 연출을 선보인다. 미국 내 인도인들의 일탈적 사랑을 통해 글로벌한 시선에서 인도를 다시 보는 방식, 글로벌한 외재적 시선에서 로컬로서의 인도를 다시 보는 방식, 미국적 가치관에서 인도의 가치관을 다시 보는 방식, 보편적 시선에서 특수한 가치관을 다시 보는 방식으로 재현하는 것이다.

리주와 스리는 이후 어떻게 되었을까. 불륜 관계에서 모험을 즐길 것인지, 아니면 새로운 합법적 관계를 추구할 것인지 감독은 명확한 결론을 보여주지 않는다. 어쩌면 외부적 시선으로 인도인들의 일탈과 사랑을 묘사하는 것 자체가 은밀한 시시가 아닐까 생각해본다.

4. 영화 미학 — 벵골 영화의 사실주의 전통과 환각적 사실주의의 절합

고시 감독 영화에서 가장 특징적인 영화 미학은 일상적 리얼리티를 바탕으로 하는 사실주의 미학이다.

첫째, 기층 민중들의 삶을 담은 일상의 리얼리티를 중시하는 미장센을 사용한다. 〈노벨상 메달 도둑〉, 〈샤말 아저씨 가로등을 끄다〉, 〈안식처〉에서 농촌이나 변두리 서민들을 주인공으로 등장시켜 그들의 실제 삶의 터전을 보여주며 사회 문제에 대해 직설적으로 표현한다. 영화 속 샤말 노인이 거주하고 있는 집과 동네의 풍경은 낡은 침대에서 일어나 좁은 세면대에서 양치질을 하는 집 안 장면, 윗옷을 걸쳐 입고 아침에 먹을 우유를 사러 나가면서 동네 골목에서 지인을 만나 대화를 하는 장면, 버스 안에서 이동하는 장면 등 실제 삶의 현장을 그대로 옮긴 듯한 자연스럽고 사실적인 장면들로 묘사된다. 감독은 이러한 사실성reality을 미장센으로 삼아 가난한 민중들의 삶과 그들의 시선에서 사회 문제를 바라보려고 시도한다.

둘째, 등장인물들의 대화를 통해 서민의 삶에 만연한 사회 문제를 폭로한다. 〈노벨상 메달 도둑〉에서는 메달 처리를 둘러싼 마을 원로 회의에서 "정부가 우리에게 무엇을 해주었나? 물가는 오르고 농민들은 자살한다"고 비판하며, 메달을 돌려주어야 하는 윤리적 당위성보다 가난하고 고단한 농촌의 현실과 생존을 강조한다. 바누는 콜카타에 사는 친구에게 "도시에서는 호사를 누리고, 우리 시골 마을에는 별장이나 지어 놓고 주말에나 놀러 온다"며 도시와 농촌의 심각한 빈부 격차를 정면으로 비판한다. 〈샤말 아저씨 가로등을 끄다〉에서는 가로등에 집착하는 샤말에게 아내가 "그게 당신하고 무슨 상관이 있느냐. 하긴 정부는 매년 적자라고 하면서 그렇긴 하다"며 비꼬고, 샤말은 "우리 집 전기세가 500루피인데, 그 가로등은 얼마겠어?"라며 정부를 비판한다. 골목길에서 만난 노인들과의 대화에서도 "취업은 갈수록 힘든데 공무원 숫자는 늘어나는 걸 보면 파킨슨의 법칙이 맞나 봐"라며 관료주의를 비판한다. 〈안식처〉에서 세 노인은 "콜카타에는 장례식장이 세 개밖에 없고 시신 보관료가 하루 600루피라니 너무 비싸"다며 현실을 비판하며, 〈미 아모르〉에서 스리는 인터넷 사이트에서 유부남을 만난 것을 친구에게 말하며 "이곳에서 인도 생활 방식대로 사는 건 싫어"라고 말하며 인도 커뮤니티의 문화를 거부한다. 고시 감독의 영화에서 대화를 통해 사회 문제를 비판하는 방식은 관객들에게 손쉽게 문제의 핵심을 전달하는 장점이 있지만, 영상을 통해 정서적 감동을 전달하는 영화 특유의 예술성보다는 계몽과 설명적 교훈에 치중하는 특징을 보인다.

셋째, TV 드라마 편집 방식인 드라마숏의 운용으로 사실주의 미학을 추구하는 경향이 있다. TV 드라마는 극장 스크린에 비해 텔레비전 화면이 작고 어두운 공간이 아닌 환경적 요인으로 인해 롱숏을 활용한 화려한 동작이나 공간적 미장센보다는 풀숏, 미디엄숏, 클로즈업close-up과 같은 사이즈를 활용한 등장인물의 대화에 집중하는 경향이 있다. 영화는 롱숏과 와이드 스크린을 활용한 파노라마식 장면으로 장대한 자연 배경, 대규모 전투 장면, 화려한 액션 동작 등을 효과적으로 보여줄 수 있는 데 비해, TV 드라마에서는 집 안이라는 관람 공간, 상대적으로 좁은 화면 등의 요인으로 등장인물의 대화와 일상 공간에 한정하는 특징이 있다. 따라서 TV 드라마는 클로즈업의 활용을 통한 내면과 표정, 미디엄숏 사이즈를 중심으로 하는 일상의 대화 장면에 집중하는 편집 경향을 가진다. 이와 같이 TV 드라마의 편집 방식과 유사한 영화 속 숏을 'TV 드라마숏'이라고 명명할 수 있는데, 고시 감독은 등장인물들을 풀숏, 웨이스트숏, 혹은 투숏two shot이나 스리숏으로 담아내며 느리게 움직이는 카메라를 통해 일상적 리얼리티를 재현하는 드라마숏을 선호한다. 〈안식처〉는 클로즈업, 풀숏, 웨이스트숏 등 스리숏 위주의 사이즈와 카메라 움직임을 지속적으로 운용하며 일상의 리얼리티에 주목한다. 〈노벨상 메달 도둑〉에서는 샤말이 침대에서 일어나고 옷을 입고 이를 닦는 소소한 일상의 과정을 느린 풀숏으로 보여주면서, 배우들이 영화 속에서 움직이는 시간과 실제 관객들이 느끼는 시간을 거의 일치시켜 사실성을 더욱 부각한다. 〈미 아모르〉에서도 주인공 리주가 이를 닦고 커피를 만드는 과정을 실제 관객들이 영화를 보며 느끼는 시간과 동일하게 편집하여 무료하고 권태로운 아침을 맞는 주인공의 내면을 느리고 사실적으로 표현해내고 있다.

넷째, 아마추어 연기자를 활용하여 리얼리티를 극대화한다. 특히 〈샤말 아저씨 가로등을 끄다〉에서 주인공과 주변 인물들은 연기 경력이 거의 없는 배우들로 채워져 있다. 감독은 실제 노인들이나 아마추어 연기자들을 활용하여 콜카타 서민의 일상적 리얼리티를 부각한다. 감독은 저자와의 인터뷰에서 다음과 같이 밝혔다.

> 〈샤말 아저씨 가로등을 끄다〉는 내가 절제하지 않고 자유롭게 만든 첫 영화다. 영화에서는 이름조차 없는 배우들이 다수 등장하고, 이들은 카메라 앞에 처음 서본 사람들이다. 이런 점은 내가 이전에 해온 영화들과는 전혀 다른 실험적인 시도였다. 주인공 샤말 노인 역을 맡은 분은 나의 아버지의 친구분이다. 그의 연기에 대한 잠재력을 알아봤지만 실은 약간 염려했다. 나는 그에게 어떠한 연기를 하지 말고, 당신의 있는 그대로의 모습을 보이라고 말했다. 그를 편안하게 만드는 것이 나의 역할이었다. 결국 그는 빼어난 사실적 연기로 내셔널 어워드 남우주연상을 수상했다. 나는 그에게 카메라를 잊으라고 말했다. 카메라를 보지 말고 평소대로 행동해달라고 했다. 나중에 영화를 완성한 후 그는 크게 안도했다. 나는 시네마 베리테cinéma vérité*식 접근을 원했기 때문에 그가 일부러 연기하는choreographed 것을 원하지 않았다. 주인공 샤말 노인은 뭄바

---

* 프랑스어로 '진실 영화'라는 의미로, 영화의 사실성을 강조하는 다큐멘터리와 사실주의적 경향을 칭하는 영화 용어.

이국제영화제에서 처음으로 많은 관객들과 만났다. 이제껏 특별한 일이 없었던 80세 노인이 갑자기 세간의 주목을 받게 되자 아주 놀라워했다.

고시 감독에 의하면 영화 속 노인들이 길거리에서 신문을 읽고 이야기하는 장면 또한 노인들이 촬영인 줄 모르는 상태에서 찍은 장면이라고 한다.

노인들은 그것이 영화 촬영인지 몰랐다. 거리에서 그들이 신문을 읽고 있을 때, 나는 촬영 감독에게 저 사람이 내 캐릭터라고 말하고 찍었지만, 우리는 소형 카메라(캐논 5D)와 극소수 스태프들만 있었기 때문에 그들은 알지 못했다. 노인 다섯 명이 길거리에서 대화하는 장면에서도 카메라 두 대를 배치했고, 샤말 노인에게 가서 가로등 이야기를 꺼내보라고 했다. 나는 전혀 반응을 예상하지 못한 상태였다. 그들 중 누군가 일의 양과 무관하게 공무원이 점점 많아진다는 파킨슨의 법칙을 이야기했다.

이처럼 감독은 영화의 사실성을 높이기 위해 비전문 연기자와 다큐멘터리식 촬영 방식으로 영화를 연출했다.

다섯째, 사실주의의 변용으로서의 환각적 사실주의를 창조적으로 운용한다. 〈안식처〉에는 주인공 노인들이 갑자기 죽은 젊은 시절의 아내를 다시 만나거나 죽은 아버지를 만나 이야기를 나누거나 자신의 어린 시절로 되돌아가는 에피소드가 들어 있다. 이 장면들은 상상 장면임이 분명한데도 마치 길을 걷다가 우연히 만난 것처럼 자연스럽고 사실적이며, 동시에 과거, 현재, 미래의 사람들을 만나는 기묘한 분위기를 자아낸다. 이러한 판타지풍의 상상과 회상 장면을 고시 감독은 환각적 사실주의hallucinatory realism라 명명한다. 감독에 의하면 환각적 사실주의란 마술적 사실주의magical realism와 유사하지만, 환상 혹은 환각을 불러일으키는 효과가 강조되는 사실주의를 말한다. 고시 감독은 마술적 사실주의가 초자연적인 환상을 통해 역사적 현실을 교차하고 각성하게 하는 장치인 데 비해, 환각적 사실주의는 영화를 보는 관객들에게 환상 그 자체에 몰입하는 감성적 장치라고 설명한다.

〈안식처〉는 확실히 이전 영화와는 다른 풍격을 가지고 있다. 과거, 현재, 미래가 합쳐져 있다. 나는 그것을 마술적 사실주의라기보다는 환각적 사실주의라 부르고 싶다. 최근에 나는 문학에서 큰 영향을 받았다. 부조리한 존재론적 이야기다. 노벨상을 수상한 중국의 소설가 모옌莫言, 일본의 천재 작가 무라카미 하루키村上春樹와 오가야 요코小川洋子의 소설에서 발견할 수 있다. 그 소설들은 많은 블랙 유머가 스며들어 있는데, 나는 그것을 마르케스Gabriel García Márquez가 구사한 마술적 사실주의를 넘어서는 환각을 초래하는 사실주의라 부르고 싶다. 나의 내러티브는 그러한 맥락 속에서 구축되었다. 비사실적이며 많은 블랙 유머가 들어 있으며, 죽음과 같이 소름 끼치는morbid 주제가 핵심이다. 이 영화는 그 소설 장르의 영화적 재현cinematic representation이다.

환각적 사실주의는 환상적 장면 그 자체에 대한 몰입과 관객들에게 주는 감성적 효과를 중시한다는 점에서, 현실로의 회귀에 중점을 두는 마술적 사실주의에 비해 훨씬 더 몽환적인 특징을 가진다. 이러한 장면의 구축은 고시 감독이 사실주의 전통 속에서도 자신만의 작가론적 개성과 예술관을 바탕으로 이를 창조적으로 변용한 결과다. 이러한 환각적 사실주의 양식의 삽입은 객관적이고 이성적인 사실주의 영화의 분위기를 파격으로 이끌며, 영화 속 등장인물의 삶과 주제 의식을 이성적인 것에서 감성적인 것으로 전환하고 정서적으로 고조시키는 효과를 준다.

이와 같이 고시 감독은 일상의 리얼리티를 중시하는 미장센, TV 드라마숏의 운용, 아마추어 연기자 활용을 주축으로 하는 사실주의 영화 미학을 견지하면서도, 감독 자신의 정서적 감흥과 예술 세계를 반영한 독특한 환각적 사실주의를 창조적으로 운용하고 있다. 이러한 미학은 기층 민중의 시선을 중심으로 인도의 현실을 비판하는 뱅골 영화의 유구한 전통을 계승하는 동시에 자신만의 독특한 시선과 예술 정신으로 이를 창조적으로 변용하려는 작가론적 시도가 개입된 결과로 보인다.

5. 주제 의식과 재현—인도 현실에 대한 좌파적 비판 의식과 실존적 휴머니즘의 공존

고시 감독의 작품에 나타나는 주제 의식은 다음과 같다. 첫째, 농촌과 도시 변두리 등에 사는 기층 민중의 삶에 주목하며, 그들의 시선에서 인도 사회에 만연한 불공정과 빈부 격차 등의 사회 문제를 비판한다. 〈노벨상 메달 도둑〉에서는 무지하고 순진한 바누의 콜카타 여정을 따라가며 가난한 농촌과 화려한 대도시인 콜카타를 비교하면서, 인도의 빈부 격차와 사회적 불평등을 비판한다. 고시 감독은 인터뷰에서 이렇게 말한다.

> 2002년 벵골 산티니케탄 박물관에 있던 타고르의 노벨상 메달이 도난당했다. 나라 전체가 들썩거린 사건이었고 온갖 음모가 난무했다. 메달을 둘러싼 소동이 약간 우스꽝스럽기도 했다. 그 사건은 내게 의미심장하고 흥미로운 생각을 불러일으켰다. 타고르의 정신과 철학, 지혜는 우리에게 얼마나 영향을 주고 있을까? 그 사건은 나에게 더 큰 문제를 생각하게 했다. 이 영화는 이런 생각으로 벵골의 현실에 대한 풍자를 담았다.

〈샤말 아저씨 가로등을 끄다〉에서는 콜카타 변두리 동네에 사는 퇴직 노인의 가로등 소등 투쟁을 보여주면서, 가난한 민중들은 근근이 일상을 살아가는데 관료와 정치인은 이에 무관심하며 오히려 예산 낭비를 방관하는 병폐를 고발한다.

둘째, 인도의 관료주의적 폐단과 제도적 부조리를 비판한다. 〈노벨상 메달 도둑〉에서 바누는 고뇌 끝에 메달을 돌려주기 위해 관공서를 찾아가지만, 가난한 농민을 차별하고 무시하는 공무원들에 의해 선의가 좌절된다. 경찰은 오히려 바누를 도둑으로 몰아 총으로 쏘아 죽인다. 〈샤말 아저씨 가로등을 끄다〉에서는 보다 직접적으로 폐단을 고발한다. 샤말 노인은 대낮에 켜진 가로등을 끄기 위해 관련 관공서를 일일이 찾아가지만, 이들은 보신주의에 젖어 힘없는 노인의 요구를 이리저리 피하고, 오히려 큰소리를 내고 권위적으로 대한다. 〈안식처〉에서 세 노인은 콜카타 지역의 노인을 위한 장례식장이 턱없이 부족하며 시신 보관료가 비싸 서민들은 이용조차 할 수 없는 점을 개탄하며, 결국 자신들만의 장례식을 치르기로 하고 길을 떠난다. 이처럼 인도 사회의 관료주의와 불합리한 제도에 대한 비판은 고시 감독의 주된 주제 의식이다.

셋째, 인도 전통문화와 글로벌한 새로운 문화가 충돌하고 갈등하는 사회 문제를 재현한다. 〈안식처〉에서는 자식들이 해외로 나가면서 부모가 죽더라도 장례 기간 내에 장례식을 치르지 못하는 상황을 보여주며 새로운 시대의 문제를 다룬다. 특히 〈미 아모르〉에서는 이러한 갈등이 직접적으로 표출된다. 미국에 살고 있는 30대 인도인 중산층 남녀의 일탈을 통해 전통적 가치관과 서구적 개인주의와 자유가 충돌하는 상황이 주된 문제다. 배경을 미국 마이애미로 삼으며 인도 이주자들의 커뮤니티 문화와 미국의 개인주의와 자유가 충돌하는 경향을 보여주면서, 외재적 시선으로 인도의 정체성을 다시 보려 한다. 불륜 관계인 리주와 스리는 인도 커뮤니티에서는 인도어로 대화를 나누고, 두 사람이 만날 때는 영어로만 대화를 나눈다. 그것은 리주와 스리가 인도인으로서의 정체성을 밀어내고, 자신들이 살고 있는 곳인 미국의 개인주의적 가치관과 자유를 지향하려는 욕망과 관련이 있어 보인다. 고시 감독 또한 "〈미 아모르〉에서 미국 문화와 인도 문화의 이분법으로 보는 관점은 아주 흥미롭다. 그것이 이 영화의 메인 플롯이 시작하는 지점이다"라고 말한다. 특히 〈미 아모르〉에는 인도의 일반적인 여성상과는 사뭇 다른 현대적이고 자유분방한 여성 주인공이 등장한다. 여주인공 스리는 주체적이며 자유분방하고 성적 표현도 대담한 인텔리 중산층 여성으로 인도의 일반적 여성상과는 대비되는 캐릭터이며 오히려 미국의 일반적인 여성상에 가깝다. 고시 감독은 인터뷰에서 "영화 속에서 인도 여성들은 전통적인 방식으로 묘사되는 경향이 있는데, 나는 그것이 모욕적으로 느껴졌다. 인도는 점점 변화하고 있고, 여성들도 더욱 독립적이고 대담해지고 있다. 그래서 나는 여주인공 캐릭터에 이러한 점을 부각시키고 싶었다"고 말한다. 고시 감독은 이 두 인물의 일탈적 사랑을 통해 인도의 가치관과 미국식 개인의 자유를 충돌시키며 글로벌한 시대의 인도인의 정체성에 대해 문제를 제기하고 있다.

넷째, 노인 세대의 인물을 주인공으로 내세우며 원칙과 신념을 상실해가는 인도 사회에 문제를 제기한다. 고시 감독의 작품에서 흥미로운 점은 첫 작품 〈발자국〉 이래 〈샤말 아저씨 가로등을 끄다〉, 〈안식처〉 등 노인 세대를 주인공으로 내세운 영화가 많다는 것이다. 감독은 이에 대해 다음과 같이 말한다.

인간적으로 나는 노인 세대와 함께하는 것을 좋아한다. 주인공을 맡았던 노인 배우들은 실제로 나와 아주 친하다. 인도를 방문할 땐 오랫동안 그들과 같이 얘기 나누는 것이 즐겁다. 인도는 지난 20년간 글로벌라이제이션이라는 거대한 변화를 겪고 있다. 샤말 노인이 대표적인 예다. 나의 고향인 콜카타와 벵골 지역에서도 큰 변화가 있었다. 지난 수십 년간 이 지역에서는 좌파 지자체 정부가 들어섰지만, 지금은 새로운 정부로 교체되었다. 샤말 노인과 같은 사람들은 우리가 잃어버린 아주 원칙적이고 강고한 신념을 가진 사람이고, 사회적 연대 의식이 강하며, 강력한 도덕성을 가진 세대다. 인도의 변화에서 그들을 위한 장소는 없다.

고시 감독이 말하는 벵골의 노인 세대란 대부분 사회주의 정당을 지지한 좌파를 말한다. 고시 감독은 인도 언론과의 인터뷰에서 이렇게 밝힌다.

사소한 문제에 집착하지만 신념과 원칙을 가진 강인한 좌파 세대다. 〈샤말 아저씨 가로등을 끄다〉의 첫 장면에서 샤말 노인이 일어나고 옷을 입고 이를 닦으며 천천히 마당으로 걸어 나가고 구멍 난 모자와 신발을 길거리 수선공에게 맡기는 소소한 일과를 보여준다. 그들은 아무것도 하지 않은 채 시간을 보내고, 누구도 그들의 삶에 간섭하지 않는다. 느릿느릿하지만 그 속에 단단한 신념과 원칙을 보여준다.

감독이 노인 세대를 주인공으로 내세운 것은 좌파 이데올로기에 대한 숭배라기보다는 변화하는 인도 사회에서 그들이 지키고 있는 신념과 원칙적 삶에 대한 존경심 때문으로 보인다.

다섯째, 인도의 사회 문제를 좌파적 비판 의식과 실존적 휴머니즘의 입장에서 바라보고 비판한다. 고시 감독 영화의 주인공들은 자신들이 직면한 차별, 빈부 격차, 불합리한 제도 등의 구조적 모순을 겪고 갈등하는 존재이지만, 사회적 투쟁이나 계급 연대와 같은 방식으로 대응하지 않고 개인의 실존적 의지와 인본주의 정신 속에 해결하려는 공통점이 있다. 〈노벨상 메달 도둑〉에서 마을 원로들은 메달을 팔아 마을에 보태자는 주장을 하지만, 결국 주인에게 돌려줘야 한다는 윤리적 당위성을 선택한다. 바누는 메달을 돌려주기 위해 콜카타로 가고 관료들의 문전박대와 도시인들의 무시를 당하지만, 결국 메달을 돌려주기 위해 고독한 실천을 행한다. 〈샤말 아저씨 가로등을 끄다〉에서 샤말 노인은 마을 주민들과 연대하며 가로등 문제를 개선하기보다는 혼자만의 완고한 고집과 신념으로 이 문제를 해결해낸다. 〈안식처〉에서 세 노인은 콜카타의 장례식장 비용이 턱없이 비싸고 시설도 부족하다는 것을 알지만, 관공서나 언론을 찾아가 장례식장 문제의 해결을 위해 호소하거나 사회적인 투쟁을 하지 않는다. 그 대신 자신들만의 장례식장을 준비하는 지극히 개인적이면서도 실존적인 실천 방식으로 이 문제를 해결한다.

이와 같이 고시 감독 영화의 주제 의식은 인도 기층 민중들의 삶을 옹호하고, 그들의 입장에서 빈부 격차, 사회적 차별, 관료주의적 폐단 등의 사회 문제를 비판하는 좌파적 비판 의식을 바탕으로 하고 있다. 그러나 사회 문제나 제도적 모순을 해결하는 방식에서는 계급 투쟁이나 사회적 연대와 같은 좌파적 실천 방식을 따르지 않는다. 그보다는 개인의 강인한 의지와 따뜻한 휴머니즘으로 해결 방식을 찾는 실존적 휴머니즘을 주제 의식으로 내세운다. 고시 감독의 좌파적인 비판 의식은 자신의 출신지인 벵골 영화의 전통에서 그 연원을 찾을 수 있으며, 개인의 의지와 따뜻한 인성을 강조하는 실존적 휴머니즘은 현재 자신이 살고 있는 미국의 문화와 보편적 휴머니즘의 영향을 받은 것으로 보인다.

이러한 좌파적 비판 의식과 실존적 휴머니즘의 공존은 벵골 출신이면서도 미국에 거주하면서 인도의 사회 문제를 비판해온 감독의 유목적 존재론과 그 가치관이 투영된 결과로 보인다.

6. 고시 감독과 벵골 영화 전통 — 벵골 영화의 전통과 현대적 작가주의 시선의 결합

고시 감독의 사실주의 영화 미학과 실존적 휴머니즘 정신은 벵골 영화의 영화사적 전통과 글로벌한 시대의 외재적 시선이 융합된 결과다. 고시 감독을 이야기할 때 자신의 출신지이자 영화적 지향점인 벵골 영화와의 관계를 빼고 설명할 수 없다. 감독 자신도 인터뷰에서 "벵골은 나에게 아주 중요하다. 나의 모든 영화는 (〈미 아모르〉를 제외하고는) 모두 벵골 지방을 배경으로 하며 벵골어를 사용하고 있다. 나의 영화적 감수성은 전부 벵골 문화에서 온 것이다. 나는 벵골의 문학, 영화, 연극의 풍부한 전통으로부터 세례를 받고 자랐다"고 말한다. 실제 고시 감독의 영화에서 주인공 역을 맡은 배우들도 과거 벵골 영화에서 전성기를 보낸 원로 배우들이 적지 않다. 〈첫 발자국〉, 〈안식처〉 등에서 주연을 맡은 베테랑 배우 소미트라 차테르지는 과거 벵골 영화를 대표하는 감독 중 한 명인 므리날 센 감독의 영화 〈파라슈람 Parashuram〉에서 주인공을 맡아 내셔널 어워드에서 수상한 바 있다. 고시 감독은 시간이 날 때마다 자신의 고향에서 극장을 찾고 여행하고 사람들을 만난다. "영화 촬영 외에도 콜카타에 있을 때 나는 가급적 극장에 간다. 그리고 다양하게 살아온 사람들과 만나는 것을 좋아한다. 많은 이야기들이 그 속에 숨어 있고 그것을 듣는 것을 좋아한다. 나는 가끔 내 조상의 땅이자 가족들의 흔적이 남아 있는 벵골 아산솔에 간다"고 말한다. 이와 같이 고시 감독의 영화는 벵골 문화와 벵골 영화 전통에 그 뿌리가 있다고 할 수 있다.

고시 감독의 영화는 벵골 영화의 전통과 그것의 현대적 계승과 직접적인 관련이 있다. 그의 영화는 민족주의자이면서도 세계 시민주의 정신을 주창했던 타고르의 사상, 민족적 사실주의 영화를 지향하면서도 작가론적 시선을 담으려 했던 레이 감독의 예술 정신, 벵골 민중의 시선에서 영화를 만든 가탁과 센 감독의 민중주의, 평행 시네마 운동을 실천한 고탐 고스 감독의 전통에 닿아 있다. 고시 감독의 영화에 나타나는 사실주의 영화 미학과 벵골 지역의 농민과 사회적 약자의 시선으로 사회 문제를 비판하는 좌파적 성향은 이러한 전통에서 그 연원을 찾을 수 있다. 동시에 그의 영화에 나타나는 환각적 사실주의 미학이나 실존적 휴머니즘과 같은 작가주의적 변용은 2000년대 이후 벵골 영화의 새로운 흐름을 반영한 것이라 평가할 수 있다.

고시 감독이 벵골 영화의 전통을 계승하면서도 새로운 변용을 시도하는 요인은 자신의 존재론적 기반과 관련이 있어 보인다. 그는 벵골 출신이면서 미국에 거주하고 있다. 이러한 존재론적 기반은 인도의 사회 문제를 내부적 시선이 아닌 외부자적 시선을 거쳐 다시 보는 방식으로 나타난다. 요컨대 벵골 영화의 좌파적 시선은 견지하면서도 해결적 관점은 보편적 휴머니즘을 제시하는 방식이 그것인데, 외부자적 시선 속에 인도 사회를 다시 보는 그의 독특한 연출은 서구적 보편성과 인도적 특수성의 충돌이라는 새로운 논점을 낳는다. 또 경제학자이자 교수라는 지식인 계급의 시선이 그의 영화 저변에 깔려 있다. 고시 감독의 작품은 정서적 울림이나 영상 미학의 의미화 과정을 중시하기보다는 객관적이며 냉정한 제3자적 시선의 이성적 영화에 가깝다. 따라서 외부자적 시선을 통해 인도 다시 보기, 지식인의 시선이라는 감독의 존재론적 작가 의식이 영화의 변용을 초래한 것으로 분석된다.

이러한 외부자적 시선, 이성적 영화, 작가주의적 변용은 민중의 각성과 투쟁 의식을 고취해온 기존의 사실주의 벵골 영화의 전통과는 분명한 차이점을 보인다. 감독은 인도 사회에 내재된 제도적 모순, 가난, 소외에 대한 비판적 문제의식을 표현하는 벵골 영화의 사실주의 미학을 계승하고 있지만, 감독 자신의 실존적 휴머니즘 정신과 작가주의적 연출을 보완하며 벵골 영화의 전통을 변용해나가고 있다. 따라서 고시 감독의 영화에는 벵골 영화 전통과 글로벌 시대의 충돌 속에 전통을 넘어서려는 담대한 도전 정신이 들어 있으며, 인도의 토착성을 글로벌한 시선에서 다시 보는 방식으로 성찰하려는 새로운 작가주의적 시도가 들어 있다는 점에서, 벵골 영화를 재영토화하면서 새로운 지평을 열어가고 있는 영화사적 의의를 가진다.

최근 고시 감독은 인도영화심의중앙위원회와 갈등을 빚은 바 있다. 그가 2017년에 만든 다큐멘터리 〈논쟁적인 인도인The Argumentative Indian〉의 심의 통과가 거부되었기 때문이다. 이 작품은 노벨 경제학상을 받은 벵골 출신의 후생경제학자 아마르티아 센 교수에 대한 다큐멘터리인데, 좌파적 시선에서 힌두 민족주의를 비판한 내용으로 알려져 있다. 영화심의중앙위원회에서는 소Cow, 구자라트Gujarat(2002년 폭동이 일어난 지역), 힌두 인디아Hindu India, 힌두트바Hindutva(힌두 우파민족주의 정당) 네 개의 단어를 문제 삼아 심의를 거부했다. 고시 감독은 "건강한 민주주의는 항상 논쟁이 따른다. 아마르티아 센과 같은 사람에 대한 논쟁은 아주 좋은 논쟁이다. 심의 통과 불허는 그러한 논쟁을 빼앗아 가는 것이다. 매우 두렵다"고 말하며 표현의 자유를 위해 지금도 고군분투하고 있다. 이 사건은 민중적 시선과 민주주의를 강조해온 고시 감독의 영화 정신과 실천적 지향점이 어디를 향하고 있는지를 잘 보여준다.

최근 고시 감독은 2019년 인도의 디지털 신분증 번호를 둘러싼 에피소드를 그린 영화 〈나의 인증 번호Aadhaar〉라는 작품을 연출했다. 이 영화는 시골 마을에 사는 파르수아가 한 승려로부터 자신이 발급받은 디지털 신분증 번호로 인해 아내가 죽을 것이라는 말을 듣고 신분증 번호를 바꾸기 위해 먼 여정을 떠나는 이야기를 그리고 있다. 고시 감독은 인도 정부가 2009년부터 도입한 12자리 개인 번호와 얼굴 사진, 지문, 홍채 등 개인 정보가 담긴 디지털 신분증이 어떻게 시골 마을 사람들의 삶을 변화시키는지를 사실적 시선으로 보여준다.

고시 감독은 항상 도전하고 새로운 형식을 시도하는 탐구적이면서 작가주의적 영화를 지향한다. 그는 주류 상업 영화든 독립 영화든 괘념치 않지만 가급적 작가주의 영화를 지향할 것이라고 말한다. 그는 영화를 "창조된 신화다Cinema is all about creating myths"라고 정의하면서 왜 영화를 만드는가라는 질문에 대해 이렇게 인터뷰에서 밝힌다.

나는 영화란 나 자신의 확장이라고 생각한다. 나를 둘러싸고 있는 세상에 대한 반응의 통로다. 그러나 나는 나의 영화를 통해 어떠한 메시지를 주는 것에 반대한다. 내가 영화를 만드는 이유는 나 자신을 표현하기 위해서다. 나는 여느 감독들과 같은 야망이나 목표가 없다. 나 자신이 나의 몸을 통해 작품으로 표현될 뿐이다.

고시 감독은 벵골 영화의 유구한 사실주의 전통의 세례를 받고 성장했지만, 글로벌 시대를 맞아 작가주의적 영화 철학을 견지하며 새로운 영화적 도전과 변용을 추구하고 있다. 독립 영화와 작가 영화를 지향하면서도, 영화 산업의 제작 현실과 대중과의 소통이 갖는 중요성을 강조한다. 그의 작가주의적 도전과 변용은 벵골 영화의 사실주의 전통과 충돌할 수 있고, 글로벌한 시선이 절합된 그의 외재적 인도 다시 보기는 인도의 토착적 정체성과 균열을 일으킬 수도 있다. 그런 점에서 그는 21세기 포스트글로벌 시대를 헤쳐나가는 인도 예술 영화감독의 현재와 미래를 보여주며, '뉴 인디언 시네마 New Indian Cinema'를 그려나가는 선구적인 감독이라 할 수 있다.

맺음말
21세기 뉴 인디언 시네마의 부상과 영화사적 의의

지금까지 살펴본 대로 인도 영화는 21세기에 접어든 이후 새로운 시대적 도전과 이에 따른 변용의 단계에 들어서고 있다. 이러한 변화상은 인도 영화사를 형성해온 두 개의 큰 축인 양극성의 예술, 즉 발리우드와 예술 영화 두 영역에 공통적으로 나타나는 문화 현상이다. 이 책에서 일관되게 서술하고 있는 21세기 인도 영화의 새로운 변화의 핵심은 글로벌 지향의 영화, 힌디 주류 문화의 균열과 탈주, 신진 청년 감독의 부상으로 요약할 수 있다.

먼저 글로벌 지향의 영화는 인도 영화의 새로운 이정표가 되고 있다. 21세기는 인도 영화 산업의 글로벌화를 촉진하는 배경이 되었으며, 문화 융합과 혼종은 인도 관객들의 취향과 가치관에도 지대한 영향을 미쳤다. 관객들의 눈높이에 맞는 글로벌 로케이션이 일상화되었고, 특히 발리우드 블록버스터 영화는 강력한 영화 시장 경쟁자인 미국 할리우드 영화를 넘어서기 위한 장대한 스펙터클과 특수 효과를 적극 도입하고 있으며, 카타르시스 단계를 갖춘 전형적인 상업적 서사 구조를 더욱 정밀하게 발전시키고 있다. 춤과 노래가 중심이던 마살라 장르는 여전히 강력한 존재감을 보여주지만 달라진 시대 환경과 관객의 취향을 반영하여 힙합이나 랩 등의 해외 대중음악이 기미된 현대화된 양식으로 변용되고 있다.

    다음으로 힌두 주류 관습과 가치관의 균열은 21세기 인도 영화의 가장 두드러진 변화상이다. 인도 영화는 전통적으로 국가 통합 이데올로기와 힌두교 가치관을 수호하는 데 앞장서왔다. 전통적인 인도 영화는 가장 인도적인 영화 정체성을 재현하고 이를 영화 시장에서 주류로 만들었다. 21세기 이후 인도 영화에서는 이러한 전통을 성찰하고 재영토화를 시도한다. 카스트 제도, 중매결혼, 가부장제 등과 같은 전통 관습은 사회적 차별과 억압이 동반된 풍습으로 묘사되며 힌디 주류 이데올로기에서 탈주하거나 균열을 일으킨다. 특히 여성상과 젠더 의식에 큰 변화가 일어나고 있다. 서구적이며 현대적인 여성상을 내세우거나 남성에 종속되지 않고 주체적이고 당당한 안티파티브라타 여성상을 구현하는 영화가 점차 늘고 있다. 이는 인도에서 여권이 신장하고 민주주의 가치관이 성숙되고 있음을 방증하는 것이다. 그럼에도 불구하고 발리우드를 비롯한 다수의 대중 영화는 여전히 국가 이데올로기와 힌두교 전통 관습을 수호하고 재현하고 있다. 영화는 여러 이데올로기가 갈등하고 투쟁하는 영역이며, 그 속에서 헤게모니가 끊임없이 형성되고 소멸되면서 발전을 거듭한다. 주류에 도전하고 전복을 시도하는 새로운 영화들이 부상하고 있다. 21세기 인도 영화는 글로벌 재영토화와 전통의 변용이라는 새로운 분기점에 서 있다고 할 수 있다.

마지막으로 '용감한 신진 청년 감독'의 부상은 인도 영화의 미래에 기대감을 준다. 21세기 발리우드 영화와 로컬 영화 전 영역에서 일고 있는 도전과 변용은 대부분 신진 청년 감독의 활약에서 기인한다. 이 책에서 집중 조명하고 있는 발리우드의 마니시 샤르마 감독과 뱅골 영화감독 수만 고시가 대표적인 인물이다. 인도의 청년 감독은 인도 영화의 전통 양식을 계승하면서도 자신의 작가적 욕망을 바탕으로 현대적 양식으로 변용해나가는 경향을 보인다. 특히 영화 시장의 주요 관객층인 청년 세대의 욕망과 가치관을 정면에 내세우며 전통 관습과 사회 현실을 비판하거나 벗어나고자 한다. 이들 신진 감독의 앞길이 순탄한 것만은 아니다. 수익을 중시하는 영화 제작 시스템과의 갈등과 타협, 그리고 작가적 욕망과 대중적 메시지 사이에서 생존하고 공존하는 지혜를 찾아야 할 것이다. 분명한 사실은 이들 신진 감독이 인도 영화의 미래를 열어가고 새로운 변화를 주도할 주체라는 점이다. 글로벌 시대의 영화, 주류 힌디 문화의 전복, 신진 청년 감독의 부상 속에 새롭게 등장하고 있는 최근 인도 영화의 흐름을 '뉴 인디언 시네마'로 정의하고자 한다.

인도는 13억 인구의 탄탄한 국내 영화 시장과 열렬한 관객층을 가지고 있으며, 유구한 역사 속에 형성된 풍부한 원형 콘텐츠, 그리고 우수한 감독과 스타를 보유한 영화 대국이다. 21세기 인도 영화는 글로벌 시대를 맞아 할리우드와 중국 시장을 넘나들며 로컬 영화에서 보편적인 글로벌 영화로의 변환을 시도하고 있다. 전진하는 뉴 인디언 시네마의 앞길에는 인도 문화가 가진 독특한 특색과 글로벌한 보편성이 결합된 '글로컬 인도 영화'를 어떻게 담아낼 것인지에 대한 과제가 남아 있다.

정부의 검열 제도와 고도로 산업화되고 있는 제작 시스템의 한계 속에 감독의 작가주의적 개성과 인도 현실에 대한 비판 의식을 어떻게 견지할 것인지에 대한 투쟁이 그들의 소명일 것이다.

  21세기 뉴 인디언 시네마의 부상은 이미 다가온 현재다. 새로운 도전과 시도는 언제나 고독하고 비장하다. 인도의 시성詩聖 타고르의 시 구절처럼 인도 영화가 "이성의 맑은 물길이 끝내 길을 잃고 죽어 있는 관습의 황량한 모래사막으로 빠져들지 않는 곳, 끝없이 지평을 넓혀가는 생각과 행동을 향해 앞으로 나아갈 수 있는 곳, 자유의 천국에 이르도록" 기원한다.[51]

주

1 영화진흥위원회, 『2014~2016 세계 영화산업 현황』(2018), 55쪽; 영화진흥위원회, 「통신원 리포트: 2019 인도 영화산업 결산」(2020), 2쪽.
2 영화진흥위원회, 『2017년 각국의 영화산업 결산―인도』(2018), 9쪽; 영화진흥위원회, 「통신원 리포트: 한국 영화 현지 진출 전략 보고―인도양을 건널 것인가, 실크로드를 건널 것인가』(2014), 7쪽.
3 전주국제영화제, 『발리우드 너머의 영화들』(본북스, 2013), 63~65쪽.
4 영화진흥위원회, 「통신원 리포트: 2016~2017년 발리우드와 인도의 지역 영화 시장」(2018), 4쪽.
5 제프리 노웰 스미스 엮음, 『옥스퍼드 세계 영화사』, 이순호 외 옮김(열린책들, 2010), 487~488쪽.
6 전주국제영화제, 『발리우드 너머의 영화들』, 19쪽.
7 정광흠, 『인도의 신화와 종교』(살림, 2012), 35~36쪽.
8 이은구, 『인도, 끝없는 영화 사랑의 땅』(세창미디어, 2003), 3쪽.
9 전주국제영화제, 『발리우드 너머의 영화들』, 16쪽.
10 제프리 노웰 스미스 엮음, 『옥스퍼드 세계 영화사』, 800쪽.
11 데이비드 보드웰·크리스틴 톰슨, 『영화사』, HS Media 번역팀 옮김(지필미디어, 2011), 662쪽.
12 전주국제영화제, 『발리우드 너머의 영화들』, 29쪽.

13 데이비드 보드웰·크리스틴 톰슨, 『영화시』, 511쪽.
14 저스틴 와이어트, 『하이 컨셉트—할리우드의 영화 마케팅』, 조윤장·홍경우 옮김(아침이슬, 2004), 46쪽.
15 저스틴 와이어트, 『하이 컨셉트—할리우드의 영화 마케팅』, 70쪽.
16 Vijay Mishra, *Bollywood Cinema: Temples of Desire*(London & New York: Routledge, 2002). 268쪽.
17 주윤탁 외, 『아시아 영화의 이해』(제3문학사, 1993), 231~232쪽.
18 Vijay Mishra, *Bollywood Cinema: Temples of Desire*, 269쪽.
19 발리무비리뷰(http://www.bollymoviereviewz.com) 통계 참고.
20 영화진흥위원회, 「통신원 리포트: 2016~2017년 발리우드와 인도의 지역 영화 시장」, 3쪽.
21 *The Times of India* 인터넷판(http://timesofindia.indiatimes.com/entertainment/hindi/movie-reviews/bajrangi-bhaijaan/movie-review/48108098.cms).
22 *The Times of India* 인터넷판(http://timesofindia.indiatimes.com/entertainment/hindi/movie-reviews/pk/movie-review/45559270.cms).
23 아리스토텔레스, 『시학』, 김한식 옮김(펭귄클래식코리아, 2010), 142쪽.
24 아리스토텔레스, 『시학』, 142~143쪽.
25 장 루이 보드리, 「기본적 영화 장치가 만들어낸 이데올로기적 효과」, 이윤영 엮고 옮김, 『사유 속의 영화』(문학과지성사, 2011), 283쪽.
26 주윤탁 외, 『아시아 영화의 이해』, 214쪽.
27 이은구, 『인도, 끝없는 영화 사랑의 땅』, 3쪽.
28 토머스 샤츠, 『할리우드 장르—내러티브 구조와 스튜디오 시스템』, 한창호·허문영 옮김(컬처룩, 2004), 41쪽.
29 라파엘 무안, 『영화장르』, 유민희 옮김(동문선, 2009), 186쪽.
30 저스틴 와이어트, 『하이 컨셉트—할리우드의 영화 마케팅』, 63쪽.
31 전국역사교사모임, 『처음 읽는 인도사』(휴머니스트, 2014), 79쪽.
32 전주국제영화제, 『발리우드 너머의 영화들』, 70쪽.
33 전주국제영화제, 『발리우드 너머의 영화들』, 37쪽.

34 한국인도사회연구학회, 『인도—정치·경제·사회의 모든 것』(한스컨텐츠, 2012), 26쪽.
35 인도영화심의중앙위원회 홈페이지(https://www.cbfcindia.gov.in/main/guidelines.html).
36 전국역사교사모임, 『처음 읽는 인도사』, 57쪽.
37 한국인도사회연구학회, 『인도—정치·경제·사회의 모든 것』, 45쪽.
38 영화진흥위원회, 「정책 연구: 2015년 상반기 인도영화 결산」(2015), 18~19쪽.
39 로버트 스탐, 『영화이론』, 김병철 옮김(K-books, 2012), 151쪽.
40 로버트 스탐, 『영화 이론』, 266~268쪽; 임영호 엮음, 『스튜어트 홀의 문화 이론』(한나래, 2005), 9쪽.
41 주윤탁 외, 『아시아 영화의 이해』, 214, 229쪽.
42 David Schaefer and Kavita Karan, *Bollywood and Globalization: The Global Power of Popular Hindi Cinema*(London & New York: Routlege, 2013), pp. 169~170.
43 김도영, 『12억 인도를 만나다』(북치는마을, 2013), 187쪽.
44 David Schaefer and Kavita Karan, *Bollywood and Globalization: The Global Power of Popular Hindi Cinema*, pp. 112~114.
45 기탄잘리 콜라나드, 『세계를 읽다—인도』, 정해영 옮김(가지, 2016), 111쪽.
46 김도영, 『12억 인도를 만나다』, 152~155쪽.
47 저스틴 와이어트, 『하이 컨셉—할리우드의 영화 마케팅』, 37쪽.
48 Nirmal Kumar and Preeti Chaturvedi, *Brave New Bollywood*(Thousand Oaks, CA.: SAGE Publications India Pvt Ltd., 2015), pp. xiii~xiv.
49 Sharmistha Gooptu, *Bengali Cinema: 'An Other Nation'*(London & New York: Routledge, 2011).
50 수만 고시 홈페이지(http://www.sumanghosh.in/films/) 참조.
51 라빈드라나트 타고르, 『기탄잘리』, 장경렬 옮김(열린책들, 2010), 57쪽.

참고문헌

단행본

기탄잘리 콜라나드, 『세계를 읽다—인도』, 정해영 옮김(가지, 2016).

김도영, 『12억 인도를 만나다』(북치는마을, 2013).

데이비드 보드웰·크리스틴 톰슨, 『영화사』, HS Media 번역팀 옮김(지필미디어, 2011).

라빈드라나트 타고르, 『기탄잘리』, 장경렬 옮김(열린책들, 2010).

라파엘 무안, 『영화 장르』, 유민희 옮김(동문선, 2009).

로버트 스탐, 『영화 이론』, 김병철 옮김(K-books, 2012).

류경희, 『인도의 종교와 종교문화』(서울대출판부, 2013).

아리스토텔레스, 『시학』, 김한식 옮김(펭귄클래식코리아, 2010).

영화진흥위원회, 『세계영화시장 현황 및 전망』(영화진흥위원회, 2015).

영화진흥위원회, 『아시아 영화산업』(커뮤니케이션북스, 2010).

이윤영 엮고 옮김, 『사유 속의 영화』(문학과지성사, 2011).

이은구, 『인도, 끝없는 영화 사랑의 땅』(세창미디어, 2003).

이정미·최윤정, 『인도 문화산업의 경쟁력 분석과 한 인도 협력방안: 방송 영화 애니메이션을 중심으로』(대외정책연구원, 2014).

임영호 엮음, 『스튜어트 홀의 문화이론』, 1판 2쇄(한나래출판사, 2005).

저스틴 와이어트, 『하이 컨셉—할리우드의 영화 마케팅』, 조윤장·홍경우 옮김(아침이슬, 2004).

전국역사교사모임, 『처음 읽는 인도사』, 1판 3쇄(휴머니스트, 2014).

전주국제영화제, 『발리우드 너머의 영화들』(본북스, 2013).

정광흠, 『인도의 신화와 종교』(살림사, 2012).

제프리 노웰 스미스 엮음, 『옥스퍼드 세계 영화사』, 이순호 외 옮김(열린책들, 2010).

주윤탁 외, 『아시아 영화의 이해』(제3문학사, 1993).

한국인도사회연구학회, 『인도—정치·경제·사회의 모든 것』(한스컨텐츠, 2012).

Anandam Kavoori, *Global Bollywood*(Oxford: Oxford University, 2009).

Anugyan Nag, *The Contemporary Bengali Film Industry*(New Delhi: Jawaharlal Nehru University, 2012).

Anustup Basu, *Bollywood In The Age of New Media*(Edinburgh: Edinburgh University Press, 2012).

Ashvin Immanuael Devasundaram, *India's New Independent Cinema*(New York: Routledge, 2016).

Damu Pongiyannan, *Film and Politics in India*(Peter Lang, 2015).

David Schaefer and Kavita Karan, *Bollywood and Globalization: The Global Power of Popular Hindi Cinema*(London: Routledge, 2013).

Dinesh Bhugra, *Mad Tales from Bollywood*(Hove and New York: Psychology Press, 2006).

Nirmal Kumar and Preeti Chaturvedi, *Brave New Bollywood*(Thousand Oaks, CA.: SAGE Publications Pvt. Ltd, 2015).

Rajinder Dudrah, *Bollywood Travels*(London: Routledge, 2012).

Sangita Gopal and Sujata Moorti, *Global Bollywood: Travels of Hindi Song and Dance* (Minneapolis: University of Minnesota Press, 2008).

Shakuntala Banaji, *Reading Bollywood*(London: Palgrave, 2006).

Sharmistha Gooptu, *Bengali Cinema: 'An Other Nation'*(London & New York: Routledge, 2011).

Tejaswini Ganti, *Bollywood: Guidebook to popular Hindi Cinema*(New York: Routledge, 2004).

Vasudev Aruna, *Frames Of Mind: Reflection on Indian Cinema*(New Delhi: UBSPD, 1995).

Vijay Mishra, *Bollywood Cinema: Temples of Desire*(London and New York: Routledge, 2002).

논문

강내영, 「'전통의 변용transformation과 글로벌 재영토화reterritorialization': 최근 인도 발리우드 블록버스터 영화의 새로운 특징 분석」, 『외국문학연구』, 제65호(한국외국어대 외국문학연구소, 2017. 2.).

고영탁, 「자이 호! 인도 영화음악의 승리」, 『차이나 저널』(2010).

구하원·이춘호, 「새로운 전통의 구축: 발리우드 영화 〈모합바뎅〉과 〈세 얼간이〉의 시각문화를 중심으로」, 『인도연구』, 17(2)(한국인도학회, 2012).

권미정, 「한국과 인도 뮤지컬 영화의상에 표현된 라사: 〈구미호 가족〉과 〈춤추는 무뚜〉를 중심으로」, 『한국디자인문화학회지』, 19(3)(한국디자인문화학회, 2013).

김우조, 「TV 드라마 '라마야나'와 인도정치 그리고 여성: 인도근본주의의 부상을 중심으로」, 『인도연구』, 8(1)(한국인도학회, 2003).

김정희, 「문화-반문화 모델로 본 인도영화 〈세 얼간이〉의 스토리텔링」, 『기호학연구』, 제45집(2015).

박용삼, 「할리우드 블록버스터도 못 뚫는 인도 발리우드, 할리우드 아성 역逆공략 채비」, 『차이나 플러스』(2015).

안정숙, 「영화 1백년과 오늘의 영화현실─〈밴디트 퀸〉을 보고 나서」, 『창작과 비평사』 23(1)(1995).

이은구, 「메흐따 감독의 영화 〈물Water〉에서의 여성문제」, 『남아시아연구』, 19(3)(한국외국어대 인도연구소, 2014).

이은구, 「메흐따 감독의 영화 〈불Fire〉에서의 여성문제」, 『남아시아연구』, 18(3)(한국외국어대 인도연구소, 2013).

이은구, 「인도영화에 나타난 무슬림의 이미지 변화」, 『남아시아연구』, 16(3)(한국외국어대 인도연구소, 2011).

이은구, 「인도의 전쟁영화 연구」, 『남아시아연구』, 17(3)(한국외국어대 인도연구소, 2012).

이정국, 「발리우드 영화의 전형으로서〈세 얼간이〉연출 분석」, 『영화연구』, 53호(한국영화학회, 2012).

홈페이지

발리무비리뷰 http://www.bollymoviereviewz.com/.
수만 고시 감독 홈페이지 www.sumanghosh.in.
영화진흥위원회 http://www.kobiz.or.kr.
인도국립영화보관소National Film Achive of India https://www.nfai.gov.in/.
인도영화발전조합NFDC(National Film Development Corporation) https://www.nfdcindia.com/.
인도영화심의중앙위원회CBFC(Central Board of Film Certification) https://cbfcindia.gov.in/.
인도영화텔레비전학교FTII(Film & Television Institute of India) https://www.ftii.ac.in/.
인도정보방송부 영화국Ministry of Information & Broadcasting https://www.mib.gov.in/.
『인디아 타임스The Times Of India』 http://indiatimes.com.
『힌두스탄 타임스Hindustan Times』 www.hindustantimes.com.

언론 기사

"CBFC stance strikes at root of healthy democracy: Director of Amartya Sen documentary," *Hindustan Times*(2017. 7. 15.).

"Cinema is all about creating myths: Suman Ghosh," *Hindustan Times*(2015. 5. 7.).

"Interview: The Power of Small Stories-Suman Ghosh Speaks About His Labor of Love, Shyamal Uncle Turns off the Lights," *The Global Film Initiative*(2013. 3. 12.).

"Suman Ghosh Tells Us about a Brush with Black Humour in His New Film Peace Haven that Goes on the Floors Next Week," *The Telegraph*(2014. 6. 14.).

보고서

영화진흥위원회, 「산업통계: 인도영화산업 기초지표」(2017).

영화진흥위원회, 「정책 연구: 2015년 상반기 인도영화 결산」(2015).

영화진흥위원회, 「통신원 리포트: 2016~2017년 발리우드와 인도의 지역 영화 시장」 (2018).

영화진흥위원회, 「통신원 리포트: 한국 영화 현지 진출 전략 보고—인도양을 건널 것인가, 실크로드를 건널 것인가」(2014).

영화

〈나의 인증 번호 Aadhaar〉(2019).

〈노벨상 메달 도둑 Nobel Chor/Nobel Thief〉(2011).

〈더 그레이트 서커스 Dhoom 3〉(2013).

〈레이디스 vs. 리키 바흘 Ladies vs. Ricky Bahl〉(2011).

〈미 아모르 Mi Amor〉(2016).

〈샤룩 칸의 팬 Fan〉(2016).

〈샤말 아저씨 가로등을 끄다 Shyamal Uncle Turns off the Lights〉(2012).

〈아내 업고 달리기 Dum Laga Ke Haisha〉(2015).

〈안식처 Peace Haven〉(2015).

〈어 랜덤 데시 로맨스 Shuddh Desi Romance/A Random Desi Romance〉(2013).

〈웨딩 플래너스 Band Baaja Baaraat/Wedding Planners〉(2010).

〈카슈미르의 소녀 Bajrangi Bhaijaan/Brother Bajrangi〉(2015).

〈피케이―별에서 온 얼간이 PK〉(2014).

도판 출처

24쪽 https://www.imdb.com/title/tt0003311/mediaindex?ref_=tt_mv_close.
28쪽 https://www.imdb.com/title/tt0048473/?ref_=tt_mv_close.
44쪽 https://www.imdb.com/title/tt0112870/?ref_=ttmi_tt.
48쪽 https://www.imdb.com/title/tt5074352/?ref_=ttmi_tt.
48쪽 https://www.imdb.com/title/tt4849438/?ref_=nv_sr_srsg_0.
51쪽 https://www.imdb.com/title/tt3863552/?ref_=ttfc_fc_tt.
57쪽 https://www.imdb.com/title/tt2338151/?ref_=tt_mv_close.
64쪽 https://www.imdb.com/title/tt1833673/?ref_=tt_mv_close.
110쪽 https://www.amazon.com/Band-Baaja-Baaraat-Ranveer-Singh/dp/B06WVZ8H78.
113쪽 https://www.imdb.com/title/tt1954598/?ref_=tt_mv_close.
115쪽 https://www.imdb.com/title/tt2988272/?ref_=tt_mv_close.
119쪽 https://www.imdb.com/title/tt3495026/?ref_=nm_flmg_dr_1.
161쪽 https://www.imdb.com/title/tt2002742/?ref_=fn_al_tt_1.
165쪽 https://www.amazon.com/Shyamal-Uncle-Lights-English-Subtitled/dp/B00HV8SLI2.
168쪽 https://www.cinestaan.com/movies/peace-haven-35379.
171쪽 https://www.imdb.com/title/tt12390712/?ref_=nm_flmg_wr_3.

인도, 영화로 읽다
발리우드와 그 너머의 영화들

초판 1쇄 인쇄 2020년 12월 20일
초판 1쇄 발행 2020년 12월 30일

지은이 강내영
펴낸이 박태영

기획 아시아문화원 연구기획팀
편집 엄정원
디자인 여상우·김명선

펴낸곳 국립아시아문화전당
주소 61485 광주광역시 동구 문화전당로 38
전화 1899-5566
홈페이지 www.acc.go.kr

값 16,000원
ISBN 979-11-89652-68-5 04300
　　　979-11-89652-678-1 (세트)

ⓒ 국립아시아문화전당, 2020

- 잘못된 책은 구입하신 서점에서 바꿔드립니다.
- 이 책의 전부 또는 일부 내용을 재사용하려면 사전에 저작권자와 국립아시아문화전당의 동의를 받아야 합니다.
- 이 저서는 국립아시아문화전당의 지원을 받아 수행된 연구입니다.
- 이 저서에 수록된 사용 허락을 받지 못한 일부 도판은 소장자나 소장처가 확인되는 대로 절차에 따라 허락을 받겠습니다.